궁금해요!
변호사가
사는 세상

궁금해요! 변호사가 사는 세상

초판 1쇄 발행 / 2009년 6월 15일
초판 12쇄 발행 / 2025년 4월 18일

지은이 / 금태섭, 안상은
펴낸이 / 염종선
책임편집 / 문경미
펴낸곳 / (주)창비
등록 / 1986년 8월 5일 제85호
주소 / 10881 경기도 파주시 회동길 184
전화 / 031-955-3333
팩시밀리 / 영업 031-955-3399 · 편집 031-955-3400
홈페이지 / www.changbi.com
전자우편 / ya@changbi.com

직업 탐색 보고서 • 변호사

궁금해요! 변호사가 사는 세상

변호사 금태섭 지음

학생 안상은

창비

꿈을 향한 십대들의 인터뷰

중학생 시절은 인생의 어떤 과정을 지나는 시기일까? 동화적인 세계에서 막 벗어난 이 시기는 세상에 점차 눈떠 가며 자신의 미래에 대한 생각도 부쩍 많아지는 때이다. "○○이 되고 싶어." 혹은 아직 그런 결심은 없지만 조금씩 자아에 눈을 뜨며 "나중에 커서 무엇을 할까?" 하는 현실적인 고민을 진지하게 시작했을 수도 있다. 어느 날 진로를 결정했다가 그다음 날에는 바로 마음이 흔들리기도 한다. 십대는 어린이가 어른으로 성장하는 시기로서 심리적으로 급격히 불안정해질 수 있다는 임상적 보고도 있다. 때론 '인간이란 무엇인가'라는 문제를 생각하기도 하고, 자기모순에 눈을 뜨기도 하면서 성장통을 겪는 시기인 것이다.

이런 민감한 시기에, 그리고 앞으로 어떤 일을 하며 살아가면 좋을지 진지한 고민이 시작될 때, 미래의 직업에 대한 탐색은 교과 공부에 밀려 제쳐 둘 수 없는 중요한 일이 아닐 수 없다. 직업에 대한 바른 '정보'는 인생을 살아가기 위한 지도와 같은 것이기 때문이다. 자기에게 가치 있는 정보는 바닷가의 모래알 하나보다 작고 손에 쥐기 어려울지도 모른다. 하지만 자신을 100퍼센트 살릴 일을 찾기 위해서는 이런 정보를 찾는 노력을 게을리할 수 없다. 필요한 정보를 찾고 자기 안에 쌓아 두는 기술은 세상을 지혜롭게 살아가는 데도 소중하다. 그런데 대부분의 학생들은 어떤 직업이 우리 사회에서 구체적으로 무슨 일을 맡고 있는지, 어떻게 그 직업인이 될 수 있을지 정확하고 상세한 정보를 얻기가 매우 어려운 실정이다. 이런 상황에 처한 십대에게 '살아가는 의미'와 '진로'를 진지하게 고민해 볼 수 있는 책이 필요하다고 판단하고 '직업 탐색 보고서'를 기획하게 되었다.

이 시리즈에는 무슨 정보를 어떤 형식으로 담았을까?

첫째, 중학생들이 각 분야 전문가를 직접 인터뷰한 내용을 알기 쉽게 정리했다. 창비에서는 2008년 여름방학 때 직업을 탐색해 보는 드림캠프를 열었다. 이때 참가한 학생들 가운데 인터뷰를 희망하는 중학생을 선발했으며, 인터뷰어로 뽑힌 학생들 자신이 만나보고 싶은 사회의 저명 직업인을 직접 찾아가 궁금한 것을 물어본 것이다. 인터뷰 속에는 현재의 삶에 만족하는지부터 전문가가 되기 위해 무엇이 필요한지 등 해당 직업에 대해 학생들이 정말 궁금해하는 것을 담았기 때문에 질문이 소박하지만 현실적이다. 학생들 앞에 앉은 해당 직업의 종사자들은 하나하나 쉽게 답변하려 애썼기 때문에 책을 읽는 학생들이 "아, 그런 점이 있구나." 하고 고개를 끄

덕일 대목이 적지 않다. 이 시리즈를 읽을 청소년들은 질문을 던지는 학생과 함께 전문가들이 무슨 생각을 하고 있는지 귀 기울여 들으며 자기에게 필요한 정보를 뽑아 체크하면서 읽으면 좋을 듯하다.

둘째, 전문가들이 인터뷰에서 못다 한 중요한 이야기를 글을 통해 자상하게 들려준다. 학생들과의 대화 속에 미처 담지 못했던 해당 전문 분야에 대한 설명, 직업인으로서 세상을 보는 관점, 해당 직업에 대한 진지한 생각 들이 담겨 있다. 학생들이 엉터리 정보를 믿고 걸어가면 길을 잃을 수도 있기 때문에 바르고 상세한 정보를 들려주기 위해 각별히 노력한 부분이다.

셋째, 학생들이 해당 직업에 대해 좀 더 알아보는 탐구 활동을 수록했다. 인터뷰에 참여한 학생들이 직접 기사를 써 보거나 현장을 기록하고 관련 분야를 체험해 볼 수 있는 기회를 마련했다. 이 책에 소개된 활동은 다양한 직업 체험의 작은 일부일 뿐이며, 이 책을 읽는 독자들 스스로 참여할 수 있는 캠프나 봉사 활동을 찾아 실천해 보면 좋겠다. 뒤에 붙은 부록에는 해당 분야와 관련된 영화나 책 등 도움이 될 만한 자료를 모아 엮었다.

우리 사회의 다양한 직업들을 직접 탐색해 보는 이 시리즈를 통해 십대들이 스스로 미래를 위한 정보를 수집하고 자신의 인생을 만들어 나가기를 바란다.

2009년 6월 '직업 탐색 보고서' 기획위원회

차
례

증인
해당 사건에 대한 증언을 하는 사람입니다.

증인석

판사
합의재판에서는 판사 3인으로 구성되고, 단독재판에서는 판사 1인으로 구성됩니다. 합의재판의 경우 가운데 앉은 재판장 양쪽 2인을 배석판사라고 합니다.

피고측 변호사
피고를 대리하여 변론하는 사람입니다.

피고측 변호사

피고

법정경위
법정 안에서 질서를 유지하도록 책임지는 법원 직원입니다.

변호사
법률 검토를 통해 문제가 생기지 않도록 의뢰인을 돕는 법률 자문을 하거나 분쟁이 생겨 재판을 하게 되었을 때는 의뢰인을 대리하여 변론합니다.

피고
원고의 소송을 받은 상대방입니다.

1 부

금태섭 변호사를 인터뷰하다

_1_
법률가는 무슨 일을 하나요?

● 판사랑 검사랑 변호사를 모두 법률가라고 하던데 각각 어떻게
  다른 거예요?

　재판이 이루어지는 법정을 본 적이 있지요? 법정에 직접 가서 보
지 못했더라도 텔레비전에서라도 본 적이 있을 거예요. 법정의 정
면을 보면 커다란 책상 같은 것이 있고 그 뒤에 의자가 놓여 있어
요. 거기를 '법대'라고 해요. 재판할 때 판사가 앉는 자리가 바로 이
법대입니다. 판사는 법원에서 일하는 법관으로 재판을 주재하고 결
정하는 사람이에요. 재판을 할 때 판사 한 명이 앉아 있을 때도 있
고 세 명이 앉아 있을 때도 있어요. 모두 검은색 가운을 입지요.

그리고 법대 앞에 한편에는 검사가 앉고 한편에는 변호사가 앉습니다. 옛날엔 법대를 마주 보고 피고인이 가운데 앉고 양쪽에 검사와 변호사가 마주 보고 앉는 구조였는데, 2008년부터는 검사가 한쪽에 앉고 검사와 마주 보고 변호사가 피고인과 함께 앉습니다. '국민참여재판'이 이루어질 때는 배심원과 검사가 한쪽에, 이를 마주 보고 변호사와 피고인이 앉게 됩니다.

검사는 어떤 사람이 죄를 지었다고 생각했을 때 재판을 해 달라고 요청하는 사람이에요. 예를 들어 어떤 사람이 도둑질을 했다고 하면 그 사람을 재판해서 벌을 받게 해 달라고 하는 일을 하지요. 이때 재판을 받는 사람을 피고인이라고 합니다.

변호사는 반대로 재판을 받는 피고인을 도와주는 일을 합니다. 피고인이 무죄라든가, 죄는 지었지만 여러 가지 어려운 사정이 있으니 벌을 가볍게 해 달라고 변론하지요.

판사는 벌을 주라고 하는 검사와 벌을 받을 일을 하지 않았다거나 그럴 만한 사정이 있었으니 봐 달라고 하는 변호사, 양쪽의 이야기를 듣고 어느 쪽 말이 맞는지 판단을 해서 결정을 내립니다.

그런데 이렇게 판사, 검사, 변호사로 나뉘어 각각의 역할이 주어진 건 비교적 최근, 그러니까 근대 이후의 일이에요. 옛날 조선시대를 배경으로 한 드라마나 영화나 책을 본 적이 있을 거예요. 그런 데서는 사또가 죄인을 앞에 끌어다 놓고 곤장도 치고 주리도 틀면서 "네 죄를 네가 알렷다" 하는 장면들이 심심치 않게 나오잖아요. 이건 사또가 검사가 하는 일이랑 판사가 하는 일을 혼자서 다 하고 있는 거예요.

옛날엔 그랬거든요. 고을에서 사람이 죽거나 도둑이 드는 사건이 나면 사또가 부하들을 시켜서 범인을 잡아 오게 했어요. 그걸 지금은 검사나 경찰관 들이 하지요. 그런데 그때는 사또가 직접 한 거예요. 그러고서는 끌려온 사람이 진짜 죄를 지었는지 조사하고 재판을 열어 어떤 벌을 내릴지 결정하는 걸 전부 사또 혼자서 했지요.

그런데 이렇게 하면 문제가 좀 있어요. 자기가 잡아 온 사람을 재판하면 공정하게 하기가 쉽지 않잖아요? 죄를 지었다고 잡아 온 사람인데 죄를 짓지 않았을 수도 있다고 생각하긴 힘드니까요. 그래서 지금은 역할을 나누어 놓은 거예요.

잡아서 벌을 주라고 하는 건 검사가 하고, 그 사람이 죄를 짓지 않았다거나 그 벌은 너무 무겁다고 변론하는 건 변호사가 하고, 그걸 듣고 결정을 내리는 건 판사가 하게끔 말이에요.

● 법률가에게 가장 중요한 마음가짐이 무엇인가요?

무엇보다도 선입견 없이 열린 마음이 중요하지요. 아무리 나쁜 일을 했다고 손가락질을 받는 사람이라고 하더라도 그 사람의 말을 잘 들어 주고 이해하려는 마음이 필요하답니다.

민주국가에서는 국민들이 투표를 해서 법을 만드는 국회의원들을 뽑습니다. 대통령도 전 국민이 투표를 해서 뽑지요. 하지만 재판을 하는 판사나 벌을 주는 검사 그리고 변호사는 선거로 뽑지 않아요. 이렇게 하는 것에는 사회에서 인기가 없는 사람이나 나쁜 놈으로 몰리는 사람, 이런 사람들도 공정하게 대하라는 뜻이 담겨 있습니다.

선거로 뽑는다고 한번 생각해 봐요. 아무래도 표를 많이 얻고 싶은 마음이 생기게 되니까 많은 사람이 옳다고 생각하는 것이나 인기 있는 의견만 듣게 되기가 쉽지 않겠어요? 어떤 사람이 죄를 지었는지 아닌지 판단하기 위해서는 이런 선입견을 배제하고 여러 가지 사실을 정확히 파악하려는 노력이 꼭 필요합니다.

이런 면을 보면 법률가에게 가장 중요한 마음은 선입견 없이 공정하게 들어 주는 것, 그런 열린 마음이라고 생각합니다.

● 드라마를 보면 검찰이 범인을 너무 심하게 몰아세운다는 느낌이 들던데요. 실제로 그런지 궁금합니다.

수사기관에서 일하는 검찰이나 경찰에게는 사명감이 필요합니다. 어떤 사건이 일어나 누군가 다치거나 죽거나 도둑맞거나 해도 그런 범죄로 피해를 입은 건 경찰관이나 검사 자신이 아니잖아요?

하지만 그냥 다른 사람에게 일어난 일이니 남의 일이라고 생각하고 범인이 잡히건 말건, 처벌을 받건 말건 나와 무슨 상관이냐, 나를 괴롭힌 것도 아닌데…… 그렇게 생각하면 안 되지요. 그리고 실제로 범인을 잡는 일은 무척이나 힘든 일이기도 해요. 그렇기 때문에 꼭 자기가 범죄로 직접 피해를 입은 사람인 것처럼 범인을 찾아서 체포하고 처벌을 받게 하려는 사명감이 필요합니다.

그래서 경찰이나 검찰이 자기 일에 몰두하다 보면 범죄를 저지른 사람을 풀어 주려고 하는 변호사를 원망하는 마음을 갖게 되기도 하지요. 드라마에는 경찰이나 검사 들의 그런 열정이랄까 사명감이 그대로 혹은 과장되어 드러나는 거 같아요.

● 하지만 잡혀 온 범인이 진짜 범인이 아닐 수도 있지 않나요?

그런 일도 있을 수 있지요.

일제 시대, 어떤 판사가 있었어요. 이분이 사람을 죽인 범인으로 잡힌 어떤 사람의 살인죄를 인정해서 사형선고를 내렸어요. 그래서 그 사람은 사형을 당했습니다. 변호사와 검사의 논쟁, 여러 가지 증거 자료와 사실 확인 등 재판 과정을 거쳐 사형선고를 내릴 때는 판사에게 법정에 서 있는 사람이 범인이라는 강한 확신이 있었던 거예요.

그런데 이 사람이 사형당하고 난 다음에 진짜 살인을 저지른 범인이 잡혔어요. 그 판사는 이런 일이 있은 다음 판사직을 그만두고 스님이 되었습니다. 그 스님이 효봉 스님입니다.

사건에 지나치게 몰두하게 되면 이런 실수를 하게 됩니다. 판사뿐만 아니라 검사나 경찰관이나 어떤 확신을 가지게 되면 생각을 바꾸기 어려워요. 이런 이유 때문에 이 사람이 범인인 것 같다는 확신과 범인을 꼭 잡아 벌을 주어야 한다는 사명감을 가진 사람도 필요하지만, 다른 이야기를 하는 사람이 필요한 것입니다.

재판을 공정하게 하기 위해서도 그렇지만 맡은 일을 해 나갈 때 잘못해서 후회하게 되는 일을 막는 데도 꼭 필요합니다. 아무리 사명감이 투철한 검사나 경찰관이라 하더라도 어떤 사람을 잡아서 처벌받게 해서 그 사람이 몇 년이나 감옥살이를 했는데 나중에 그 사람이 범인이 아니었다는 것이 밝혀지면 정말 괴롭거든요.

그래서 변호사의 역할이 꼭 필요한 것입니다. 변호사는 반대쪽 입장에서 생각하고 변론을 하지요. 그리고 검찰이나 경찰, 판사는 변호사의 말을 경청해야 하는 것이고요. 이렇게 각자가 맡은 역할에 충실하다 보면 억울한 사람을 처벌하는 일을 막을 수도 있겠지요.

● 법률가를 보고 일벌레라고도 하는데, 정말 그런가요?

　판사, 검사는 일이 많아요. 퇴근도 못하고 늦게까지 일하는 경우도 많습니다. 특히 처음 판사나 검사가 되었을 때는 아직 배워야 할 것이 많기 때문에 일을 더 많이 해야 합니다.

　제가 처음 검사가 됐을 때는 한 달에 하루도 저녁을 집에서 제대로 먹은 적이 없었어요. 나중에 업무에 익숙해진다고 해도 판사나 검사들은 처리해야 할 일이 무척 많아요.

　판사나 검사만 그런 게 아니에요. 변호사들도 일이 많지요. 예전에 변호사들은 각자 자기 사무실을 두고 일하는 경우가 많았어요. 혼자서 재판 준비는 물론 재판과 관계없는 사무실 운영에 필요한 일까지 이것저것 모두 다 하다 보면 바쁠 수밖에 없었지요.

　지금은 법무법인이라는 로펌에서 여러 변호사들이 모여서 일을 하는 경우가 많습니다. 법무법인은 회사인데 보통 회사와 조금 다른 점이 있습니다. 보통 회사에는 회장이나 사장이 있잖아요. 로펌에는 회장이나 사장 대신 파트너들이 있어요. 파트너들은 회사를 함께 만든 사람들입니다.

　그리고 파트너들 밑에서 일하는 변호사들도 있는데 이분들은 파트너가 되는 것이 목표지요. 그러기 위해서 휴일도 없이 열심히 일합니다. 월급은 많이 받아요. 판사, 검사보다는 많이 받습니다. 하

지만 변호사들은 정말 안쓰러울 정도로 일을 많이 해요.

변호사에게 사건을 맡기는 사람을 의뢰인이라고 합니다. 변호사의 입장에서 보면 손님이지요. 변호사들은 손님인 의뢰인이 부탁한 일을 열심히 합니다. 이렇게 일을 열심히 하는 데는 빨리 일을 익혀서 파트너가 되어 성공하고 싶다는 동기도 있어요.

예전에는 변호사가 적어서 어느 정도 경험을 쌓아 경륜이 생기면 파트너가 됐는데 지금은 그렇지 않아요. 변호사가 많아져서 경쟁이 심하거든요. 경쟁에서 이기기 위해서도 일을 많이 하는 게 좋지요.

하지만 변호사들은 자유업이에요. 그러니까 특별히 출퇴근 시간이나 쉬는 날이 정해져 있지 않지요. 그래서 일을 열심히 하는 만큼 취미생활도 많이 하는 편이에요. 휴가를 내서 여행을 다니거나 유학을 가기도 합니다. 몇 년 동안 일을 하고 난 다음에 외국에 가서 하고 싶은 공부를 더 하는 거지요. 열심히 일한 만큼 수입도 어느 정도 되고 하니까 여행 많이 다니고 유학 가는 데 큰 어려움은 없거든요.

법조인은 일은 많이 하지만 그렇게 노력한 만큼 보람이 있습니다. 아마 어느 직업이나 다 똑같을 거예요.

● 법률가가 되어서도 노력을 안 하면 처지고 그러나요?

변호사도 다른 직업과 마찬가지로 성공하기 위해서는 끊임없이 공부해야 하고 노력해야 합니다.

저희 아버지의 말씀이 생각이 납니다. 저희 아버지도 법과대학을 졸업하고 판사를 하셨거든요. 아버지 때는 졸업생 중에서 제일 똑똑한 사람들이 판검사가 되었대요. 다들 우선적으로 판검사를 선택했던 거지요. 그리고 판검사가 되지 못한 사람들이 기업에 들어갔다고 합니다. 당시에는 기업의 규모가 대체로 작았거든요.

그런데 10년쯤 지나고 나면 기업에 들어간 사람들이 훨씬 아는 게 많아졌다고 하셨어요. 기업에 들어간 사람들은 치열하게 경쟁하고 여러 분야에서 일하는 사람들도 많이 만나면서 사회의 사정이나 변화하는 환경에 대해 지식을 많이 쌓고 그러는데, 판검사들은 매일 앉아서 법전만 보고 있으니까 결국 기업에 들어간 사람들에 비해 처진다는 이야기였어요.

제가 지금 생각해 봐도 그래요. 법률가도 가만히 있으면 사회 변화에 못 따라가고 떨어질 수밖에 없어요. 그렇기 때문에 사법시험에 합격하여 법률가가 된 후에도 끊임없이 공부도 하고 책도 보고 그래야 합니다. 우리 사회에서 문제가 되는 일은 어떤 일이고, 거기에는 어떤 법률이 적용될 수 있는지 그리고 사람들은 그 일에 대해서 어떻게 생각하는지 알아야 합니다.

알아 둬야 할 것은 사회의 일뿐만이 아니지요. 매일 수많은 사건에 대해서 다양한 판결이 나옵니다. 그중에 중요한 판결들을 판례라고 합니다. 법률가들은 자기가 맡은 분야의 일뿐만 아니라 다른 분야에도 어떤 판례가 있는지 두루 공부해서 잘 알고 있어야 합니다. 그런 걸 모르고 있으면 실력 없는 법률가가 되는 거지요.

● 검사이셨을 때랑 지금 변호사가 되신 다음이랑 성격이 변하셨어요?

제 개인적인 성격이요? 저는 원래 마음이 약해서……

예를 들어서 음식점에 갔는데 나온 음식에 머리카락이 빠졌다고 해 봐요. 그러면 저는 조용히 빼놓고 계속 그 음식을 먹거나 아니면 아예 안 먹거나 해요. 항의는 못 하는 편이지요. 또 음식점의 점원이 불친절하거나 음식점이 전체적으로 지저분하거나 해서 서비스가 나쁘다 생각해도 그걸 굳이 크게 이야기하지 않아요. 그냥 속으로 이 음식점에 다시는 오지 않겠다고 결정하는 성격이지요.

그런데 검사가 되고 나서 몇 년이 지나니까 제가 성격이 변했다고들 하더군요. 예를 들어서 음식점에서 머리카락이 빠진 음식이 나오면 바로 식당 주인에게 항의도 하고 그랬거든요. 그런 면은 달라졌던 것 같아요. 하는 일에 따라서 성격도 변하게 되는 모양입니다. 아무래도 검사들이 성격이 강하다는 평가를 많이 듣거든요.

검사 생활을 하면 그런 걸 많이 느끼는 순간이 있어요.

재판을 하기 위해 법정에 들어가면 방청석에 앉아 있는 사람은 대부분 피고인의 가족이나 지인들로 피고인 편이거든요. 그리고 변호사는 자신의 의뢰인인 피고인을 위해서 이 사람이 정말 죄가 없다고 주장하거나 죄는 있지만 여러 가지 사정이 있으니 용서해 주어야 한다고 주장하잖아요.

그런데 검사는 거기에 대고 나중에 "피고인을 징역 5년에 처해 주십시오"라고 구형을 하는 역할이지요. 그러면 아무래도 법정에 있는 사람들이 검사를 안 좋게 생각하겠지요. 그런 것들이 느껴지거든요. 이런 일들을 겪으면서 검사들은 성격이 강해지는 것 같아요.

하지만 검사나 판사는 공무원이고 권한이 많아요. 그렇기 때문에 자칫 잘못하면 다른 사람을 쉽게 깔보고 무시해 버리며 안하무인이 되기 쉬워요. 이런 점은 정말 조심해야 돼요.

변호사가 되고 나서는 특별히 성격 자체가 변한 것 같지는 않아요. 하지만 성격이 변하는 것은 스스로 못 느낄 때가 많잖아요? 그러니까 항상 조심해야 하지요. 다른 사람들의 마음을 상하게 해서는 안 되니까요.

● 법률가들은 밥 먹을 때 보통 누구랑 먹어요?

아까 판사들은 보통 3명이 같이 재판을 한다고 했잖아요? 작은 사건은 판사 1명이 재판을 하지만 대부분은 셋이 함께합니다. 가운데 앉은 사람이 부장 판사님입니다. 이 셋은 항상 함께 다녀요. 일할 때도 같이하지만 밥을 먹을 때도 같이 갑니다.

그런데 부장 판사님이 제일 상사이니까 부장 판사님이 먹고 싶은 걸 따라야 할 때가 많아요. 자기 부장 판사님이 개고기를 좋아하면 개고기를 먹는 일이 많아지고 생선을 좋아하면 생선을 자주 먹게 되지요.

검찰의 경우에는 어떻게 되어 있냐면 1명의 부장 검사가 있으면 그 아래 4, 5명의 검사들이 있어요. 이들도 식사할 때 같이 갑니다. 대개는 제일 후배 검사가 점심 당번을 해요. 당번이 하는 일이 뭐냐면 총무 일 같은 거예요. 매달 초에 부장 검사와 선배 검사들로부터 돈을 걸어 가지고 있다가 식당을 예약하고, 가서 먹은 다음 계산하고 그런 일을 하지요.

저도 많이 해 보았어요. 울산에서 근무할 때는 저희 부장님이 정말 개고기를 좋아했어요. 그래서 여름에는 일주일에 하루 정도로 자주 갔지요. 적어도 저에게는 자주 갔던 거예요. 부장님이 워낙 개고기를 좋아하니까 일주일에 하루 정도 먹으면 부장님에게 정말 잘해 드리는 거라고 생각했거든요.

그런데 한번은 부장님이 막 화를 내시는 거예요. 그래서 왜 화를 내시냐고 물었더니 부장님이 이러시는 거예요. 전에 있던 검사들은 개고기를 먹자고 하면 좋아하면서 먹었는데 너희는 어쩐지 참으면서 먹는 것 같다고…… 그랬던 적이 있어요. (웃음)

판사나 검사는 직장 생활 하면서 선후배 사이에 재밌는 일이 많이 생기지요. 변호사가 되거나 판사나 검사가 되면 전국 각지에서 일을 하게 된답니다. 특히 판사나 검사는 근무처를 옮겨 다니기 때문에 우리나라 여러 곳을 경험하게 되지요. 지방에서 근무하는 것도 다양한 곳에서 살아 볼 수 있어서 재미있습니다.

● 학교에서 변호사가 되고 싶다는 친구들이 아주 많아요. 생각이 깊은 아이는 사회적으로 약자인 사람들을 변호해 주고 싶다고 하지만 돈을 많이 버니까 좋다는 애들도 많아요. 정말 돈 많이 버나요?

글쎄요. 돈을 그렇게 많이 버는 것은 아닌 것 같아요. 특히 판사나 검사는 국가로부터 월급을 받기 때문에 그렇게 부자가 될 수는 없어요. 그리고 변호사는 판사나 검사보다는 돈을 많이 벌지만 그대로 큰 부자가 될 만큼 돈을 벌지는 않아요. 대체로 기업에서 성공하시는 분들이 더 많이 벌 거라고 생각해요.

게다가 지금은 변호사가 옛날보다 훨씬 많아져서 경쟁이 치열해졌거든요. 그래서 생활이 어려운 변호사들이 많다고 합니다.

그리고 법률가는 원래 돈을 벌기 위해서 선택하는 직업이 아닙니다. 돈을 많이 벌고 싶다면 다른 직업을 선택하는 게 나을 거예요.

_2_
법과 제도가 궁금합니다

● 법은 누가 만들어요?

법은 국민들이 만들지요. 옛날에 왕이 있던 시절에는 왕이 하는 말이 법이었어요. 그러니까 왕이 이렇게 하라면 이렇게 하고 저렇게 하라고 하면 저렇게 하면 되었지요. 하지만 지금 우리나라는 민주국가예요. 그러니까 국민이 주인이잖아요.

그런데 민주국가에서는 국민들이 법을 만들어야 하지만, 예를 들어 우리나라 사람들이 모두 한군데 모여서 법을 만들 수는 없잖아요. 그럴 만큼 큰 장소도 없고 또 각자 생활이 있고 해야 일도 있으니까. 그래서 국민은 자기를 대표해 줄 국회의원을 뽑아서 국민을 대신해서 법을 만들게 하는 거지요.

국민이 투표를 해서 국회의원을 뽑으면 그 국회의원들이 법을 만드는 것입니다.

● 학교 생활에 대한 법이 있나요? 예를 들어서 왕따나 집단 폭행 같은 문제들에 대한 거요.

어떤 사회에서든지 규칙이 있기 마련입니다. 학교 생활에서도 마찬가지지요. 특히 왕따 문제나 학교 폭력 등에 관해서는 법이 있어요.

원래 일본에서 왕따 문제가 심했는데 우리 사회에도 그런 문제들이 생겨났습니다. 그래서 법조계에서는 '자녀 안심하고 학교 보내기 운동'이라는 걸 했어요. 신고 센터도 만들고 학교에서 강연도 하고 그랬습니다.

또 어린 학생들이기는 하지만 학교에 폭력 조직 같은 게 있고 그런 폭력 조직이 사회의 직업적인 폭력 조직과 연계되어 있는 경우가 있어요. 그런 폭력 조직은 단속도 많이 했지요.

지금도 왕따나 폭력 문제에 대해서는 신고를 하면 수사기관에서 철저하게 수사를 해 줍니다. 왕따의 경우, 대개는 때린다든가 나쁜 짓을 시킨다든가 하는 것은 다 범죄니까 그런 건 처벌합니다.

하지만 그것들도 학생들 사이에서 벌어진 일이잖아요. 그렇기 때문에 가능한 한 처벌하기보다는 그런 일이 벌어지지 않게 만들려고 하지요. 학생들이 그런 피해를 당하지 않게 하고, 그런 것들은 잘못된 일이라는 걸 깨닫도록 가르치는 일을 하지요.

● 우리나라 법하고 미국 법이 다르지요? 그 둘을 비교했을 때 어느 나라 법이 더 좋은가요? 시스템이라든지……

법은 그 사회에 맞게 만들어지는 것입니다. 그렇기 때문에 다양한 모습을 갖고 있지요. 그래서 어떤 것이 특히 좋거나 나쁘다고 말할 수 없는 경우가 대부분이에요.

물론 누가 봐도 잘못된 시스템이 있어요. 이를테면 북한은 1인 독재를 하잖아요. 그런 것은 잘못된 것이라 할 수 있지요. 노예제도가 있거나 남녀를 차별하는 경우에도 잘못됐다고 이야기할 수 있어요.

예를 들면, 예전에 미국에는 노예제도가 있었잖아요? 그건 명백히 잘못된 거예요. 그리고 노예제도가 금지된 후에도 흑인 남자들은 투표권을 가지게 되었는데 여자는 백인이건 흑인이건 투표권이 없었어요. 그렇게 여자가 선거에 참여하지 못하거나 결혼을 하면 재산은 무조건 남자 것이 된다거나 하는 그런 건 잘못되었다고 할 수 있습니다. 이런 것은 인간이라면 당연히 가지는 권리, 인권을 침해하는 일이니까요.

기본적인 인권을 침해하는 것이 무엇이냐 하면, 언론에 대해서 검열을 한다거나, 신분이나 성별에 따라서 차별을 하는 것, 이런 것들이 기본적인 인권을 침해하는 것이에요. 기본적인 인권에 대해서는 사회적으로 합의(컨센서스)가 있고 그걸 지켜 주는 법이 있어야 돼요. 그게 안 되어 있으면 문제가 있는 것입니다.

하지만 일반적인 맥락에서 우리나라 법이나 미국 법이나 어떤 시스템이 더 옳다고 말할 수는 없어요. 우리나라는 서구의 법을 받아들인 지 몇 십 년밖에 안됐어요. 그렇기 때문에 그동안 서구의 법을 우리 사정에 맞게 조정해야 했지요. 그런 과정에서 여러 차례 법을 개정했어요. 법에는 이렇게 한 나라의 역사적인 상황이 반영됩니다.

미국 같은 경우는 우리와 역사적인 상황이 달라요. 미국은 50개 주로 나뉘어 있는데, 이 50개 주는 각각 독립성이 상당히 강하고 법도 각 주마다 독립적입니다. 미국이 영국의 식민지였다가 독립하는 과정에서 생긴 타협의 결과지요. 하지만 그 50개의 주가 연방이라는 이름으로 한 나라를 이루고 있기 때문에 공통적으로 적용되는 법이 있습니다.

또 러시아나 동구 유럽의 국가들처럼 공산주의를 채택하다가 바

뀐 나라들은 그에 따라서 법도 변화하게 되지요.

이처럼 각 나라의 역사적 상황이 있기에 어느 나라 법이 더 우수하다고 할 수는 없을 것 같습니다. 오히려 같은 법을 갖고 어떻게 적용해 나가는지가 더 중요하지요.

그렇지만 점점 더 국가들 간의 교류가 많아지면서 법의 모습도 비슷해지는 경향이 있는 게 사실이에요. 서로 너무 다른 법을 가지고 있으면 국제적인 문제가 발생할 때 적용할 법을 찾기가 더 어려워지지 않겠어요? 그러니까 각국의 법을 비교해서 점점 합리적인 방향으로 고쳐 가는 것이지요.

● 우리나라도 재판할 때 미국 드라마에 나오는 배심원이 있나요?

미국의 배심원 제도에 대해 잠깐 설명 드릴게요.

좀 전에 말한 것처럼 옛날에 미국은 영국의 식민지였잖아요. 그때는 영국 판사가 미국에 와서 재판을 했지요. 그런데 미국에는 영국에서 온 판사를 불신하는 사람이 많았어요.

'영국 여왕 폐하의 신임을 받은 사람들이 여기에 와서 우리를 다스리고 있긴 해. 하지만 이 사건은 미국에서 일어난 일이고 우리가 가장 잘 알잖아. 그런데 왜 영국 판사가 와서 재판을 하는 거지? 재판 결과를 보니 공정하지도 못한 것 같아. 재판을 주재하는 건 영국 판사가 하더라도 유죄인지 무죄인지 이런 걸 결정하는 건 우리 미국에 사는 사람들 중에서 사람을 뽑아서 해야 해.'

미국인들의 이런 생각을 토대로 배심원 제도가 생겨난 거예요. 그렇게 시작된 것이 법률 전문가가 아닌 일반 국민 가운데서 선출된 배심원들이 재판에 참여하는 제도로 정착된 것입니다.

그런데 배심원 재판에는 문제도 있을 수 있습니다. 법률가들은 가장 궁지에 몰린 사람, 사회적으로 욕을 먹는 사람들까지도 변론을 해야 합니다. 그래서 그런 선입견에 휘둘리지 않는 훈련을 받은 사람들이지요. 하지만 일반 사람들은 여론으로부터 영향을 많이 받아요. 여론이라는 것은 여러 사람들의 의견이잖아요. 배심원들도 이 여러 사람들 중 한 사람들이니 여론으로부터 영향을 받을 수 있기 때문이지요.

그러나 한편으로는 판사도 인간이고, 모든 것을 다 잘 아는 것은 아니예요. 아까 한 효봉 스님의 이야기를 생각해 보면 알 수 있을 거예요. 그렇기 때문에 더 다양한 사람들의 의견을 듣는 일이 필요하지요. 그래서 '공정'한 판단을 할 수 있으려면 균형을 잘 맞추어야 합니다.

우리나라도 2008년부터 배심재판을 도입했어요. 모든 재판을 다 그렇게 하지는 않고 일부 사건에서만 합니다. 그리고 미국과는 달리 아직까지는 배심원들의 평결에 반드시 따라야 하는 것은 아니고 판사가 배심원들의 의견을 듣고 참고만 하게 되어 있어요.

우리나라 배심재판은 이렇게 진행되고 있습니다. 살인 사건이나 중요한 형사 사건에서 피고인이 배심재판을 받고 싶다고 신청을 하면 배심원들이 법정에 와서 양쪽 의견을 듣습니다. 그런 다음에 유죄다 무죄다 판단을 해요. 그러면 판사가 배심원들이 내린 그 결정을 참고해서 판결을 내립니다.

세계적인 추세를 볼 때는 배심제와 참심제가 있어서 일반 사람이 재판에 참여하지 않는 나라가 거의 없어요. 참심제도 법률 전문가가 아닌 일반인이 재판에 참여한다는 것은 배심제와 똑같아요. 다른 점은 배심제의 배심원은 재판마다 선발되는 데 반해, 참심제의 참심원은 일정 기간 임기를 두고 법관 1~3명과 함께 판결을 한다는 것이지요. 독일, 프랑스, 이탈리아, 스웨덴, 덴마크, 노르웨이, 핀란드 같은 나라에서 참심제로 재판을 하고 있어요.

이렇게 어떤 형태로든 재판에 일반 사람이 참여를 하는 경우가 많아지고 있는 게 사실입니다.

그래서 우리나라에도 배심제가 도입되게 된 것이고요. 일반인이 재판에 참여하는 이런 제도는 점점 확대될 것이라고 생각해요. 다만 배심재판을 하면 어떤 문제점이 있을 수 있는지, 그런 문제점을 피하려면 어떻게 운영해야 하는지를 잘 연구를 해서 보완해 가야겠지요.

● 얼굴을 보고 범죄자인지 알아볼 수 있을까요?

많은 사람들이 그렇게 생각하는데 그건 좀 편견이에요. 실제 범죄자 중에는 잘생긴 사람도 있고 아주 순하게 생긴 사람도 많습니다.

● 잘생긴 범죄자를 보신 적이 있으세요?

물론 있어요.

제가 옛날에 마약 수사를 할 때였어요. 마약을 했다고 잡혀 온 사람이었는데 정말 인물이 좋았어요. 그런데 마약을 많이 해서 정신까지 이상해져 있었지요. 참 안타까웠어요.

최근에는 우리나라에도 연쇄살인범이 나와서 여러 사람들이 걱정을 많이 하잖아요. 그런데 연쇄살인범이라고 하니까 흉악하게 생겼을 것 같지요? 하지만 사람을 여럿 죽였다고 얼굴이 꼭 흉악하게 생긴 건 아니랍니다. 세계적으로 유명했던 연쇄살인범 중에는 무척이나 잘생긴 사람도 많아요. 미국에서 수십 명을 살해한 테드 번디라는 사람이 있는데 이 사람은 미남에다가 매너도 좋았지요. 이 사람은 이런 외모로 많은 여자들을 사귀다가 살해했어요.

외모로 범죄자를 알아본다는 건 편견이에요.

● 그래도 험악하게 생긴 사람들을 보면 범죄자 같던데······

실제로 그런 생각이 널리 퍼지고 받아들여지던 때도 있었어요.
한때는 범죄자는 유전적인 결함이 있고 생김새에도 어떤 특징이 있
다고 주장하는 학자들이 많았거든요. 그때는 범죄자들의 외모에 공
통점이 있다고까지 했었어요. 귀가 크다든가, 입술이 두껍다든가,
팔이 길다든가 하면 태어날 때부터 범죄자라고 하는 사람도 있었거
든요. 이렇게 외모가 특이하게 생긴 사람들은 사회생활에 잘 적응
하지 못하기 때문에 범죄를 저지를 가능성이 커진다는 거지요. 하
지만 지금은 이런 주장에는 아무런 근거가 없다는 것이 밝혀졌어
요.

범죄랑 상관없는 얘길 하나 하자면 개고기 먹는 사람은 우락부
락할 거라고 생각하는 사람이 있잖아요. 하지만 말쑥한 신사 같은
외모에 의자에 앉을 때도 손수건으로 닦고 앉는 깔끔한 사람이 개
고기를 좋아하는 경우도 많아요. 그런데 이와는 반대로 불독처럼 우
락부락하고 무섭게 생긴 사람이 알고 보면 개고기를 못 먹고 그런
경우도 있고요.

범죄자도 마찬가지입니다. 생긴 거랑 아무 상관이 없다고 생각
해요. 법률가들이 편견을 가지면 곤란하지요.

● 청소년들도 죄를 지으면 처벌받나요?

열두 살이 안된 경우에는 아무 처벌도 안 받고, 열두 살 이상은 소년원에 갑니다. 정식으로 처벌받는 건 열네 살 이상이지요. 최소한 열네 살은 되어야 감옥에 가는 등 처벌을 받습니다.

제가 검사로 있을 때 저랑 같이 검사가 된 사람 중 한 사람이 청소년을 기소한 적이 있었어요. 그런데 법정에서 무죄를 받았지요. 알고 보니 기소한 청소년이 사실은 열네 살이 아니고 열세 살이었거든요. 잘못 기소했던 거예요.

거기엔 좀 사정이 있었어요. 그 열세 살의 어린이는 오토바이를 훔치다가 잡혀 왔어요. 잡혀 와서 보니까 혼이 날까 봐 겁이 난 거지요. 그래서 자기 이름을 대지 않고 열여섯 살인 자기 형 이름을 댔어요. 그런데 문제는 열여섯 살이면 아직 주민등록증이 없다는 거였어요. 그렇기 때문에 그 아이 말을 따로 확인할 길이 없었던 거지요. 그래서 그 검사는 그 아이가 말한 대로 열여섯인 줄 알고 기소를 했지요.

어떻게 해서 아이의 진짜 나이를 알게 되었냐 하면요, 이 아이가 사실은 가출을 한 상태였거든요. 그래서 집과 연락이 닿지 않고 있었지요. 그런데 그 아이 아빠가 어떻게 알고서는 재판정으로 찾아

왔어요. 그래서 그 아이가 자기 형 이름을 대고 있다는 걸 알게 되었지요. 아이의 아빠는 일어나서 저 아이의 이름은 그게 아니다, 그 이름은 아이의 형의 이름이다, 그 아이는 그 동생이라고 증언했어요. 그렇게 아이의 아빠로 인해 법정에서 나이가 밝혀졌고, 아이는 결국 무죄 선고를 받았지요.

이 재판이 끝나고 나중에 검사들끼리 회의를 할 때 부장님이 한 마디 하셨지요. 어린애가 왔을 경우에는 너무 어려 보이면 이것저것 자세히 물어보고 나이를 먼저 확실히 밝히라고 말이에요.

_3_
사형에 대해 어떻게 생각하세요?

● 우리나라에 사형 제도가 있는데 폐지된 건가요? 유영철은 사형
  선고를 받은 걸로 아는데……

10년 동안 사형 집행을 안 했지요. 우리나라에는 사형이 아직 폐
지되지 않았고 실제로 사형선고도 내려지고 있습니다.

우리나라에서 재판은 3심제로 이루지고 있습니다. 3심제가 뭐냐
면 한 사건에 대해서 재판을 세 번 받을 수 있도록 한 제도예요.

아까 효봉 스님 이야기를 할 때도 잠깐 말했지만 법관들도 사람
이니까 실수를 할 수 있잖아요? 그런 걸 막고 또 신중하고 공평하게
재판을 진행하도록 하기 위해서 재판을 세 번 받을 수 있게 한 겁니

다. 그래서 재판을 하게 되면 지방법원, 고등법원, 대법원을 거칠 수 있는데, 대개 사형선고를 받는 사건들은 대법원까지 갑니다.

대법원에서 사형이 확정되면 사형 집행을 기다리게 되지요. 그러다가 검찰에서 집행을 할 때가 되었다고 판단하면 법무부 장관에게 결재해 달라고 올립니다. 법무부 장관이 결재를 하면 사형 집행이 이루어지지요. 하지만 실제로는 사형 집행은 너무나 중대한 문제이기 때문에 대통령의 결정이 있어야 합니다.

그러니까 실제 사형이 선고되더라도 집행을 하려면 대통령이 결정을 해야 하는 거지요. 우리나라에서 10년 동안 사형 집행이 이루어지지 않은 것은 그동안 대통령이 사형 집행에 대해 부정적인 생각을 가지고 있었기 때문입니다.

사형 제도가 올바른 것인지에 관한 윤리적 문제도 있지만 국민들이 법에 대해 가지는 감정이 매우 중요해요. 그러니까 국민 대다수가 사형이 있어야 한다고 생각하는지 혹은 없어져야 한다고 생각하는지가 중요한 영향을 미쳐요.

아직까지는 우리나라에 사형이 있어야 한다고 생각하는 사람들이 더 많습니다. 그런데 학자들이나 국제적으로 인권 운동을 하시는 분들은 사형은 폐지되어야 한다고 주장해요.

그래서 우리나라 정부 입장에서는 어떻게 했느냐 하면 국민들의 법 감정이 있기 때문에 사형 제도를 쉽게 없애지는 못해도 집행을

안 한 거지요. 10년 이상 집행을 하지 않으면 국제 사회에서 실질적
으로 사형을 폐지한 국가로 인정받습니다. 우리나라가 여기에 해당
해요.

● 사형에 대해서는 개인적으로 어떻게 생각하세요?

저는 사형은 반대예요. 학교에서도 토론해 봤지만 사형까지 하
는 것은 인권 침해라고 생각해요. 그러면 피해자의 인권은 어떻게
되는 거냐는 주장을 할 수 있지요.

토론을 할 때 반대편의 입장에 서서 이야기를 해 보는 것은 좋은
것 같아요. 자신은 사형을 폐지하자는 입장인데 사형을 그대로 유
지하자는 입장에서 토론을 해 보면 아, 내가 몰랐지만 이런 점이 있
겠구나 하면서 자기 혼자서는 생각도 못했던 점이 떠오를 수가 있
거든요.

사형에 대한 논쟁에 대해 간단히 말씀을 드리면, 사형을 그대로
유지하자는 존치론자와 사형을 폐지하자는 폐지론자들이 팽팽하
게 맞서고 있어요.

사형 폐지론자들은 인권을 보호하는 측면에서 국가가 사형 제도
를 유지해서는 안 된다고 합니다. 그리고 실제로 사형 제도가 있다
고 해서 범죄가 줄어들지도 않는다고 하지요. 사형이 의미가 있으

려면 실제로 범죄가 줄어들어야 할 텐데 그렇지 않다는 거예요.

만일 1년에 살인 사건이 평균 100건 일어난다고 했을 때 사형을 유지해서 90건으로 줄일 수 있다면 모르지만 그렇지 않다는 것입니다. 사형 제도가 폐지되면 살인을 해도 사형을 당하지 않겠구나 생각해서 살인범의 숫자가 늘어야 할 텐데, 실제 사형을 폐지한 나라의 경우를 보면 살인 사건이 늘어나지 않더라는 말이지요.

우리나라의 경우에도 10년간 사형 집행을 하지 않았는데 사형 집행을 하던 시기보다 범죄가 크게 늘지는 않았어요.

한편 사형 존치론 입장에서는 사형 제도에는 숫자로 표현할 수 없는 범죄 억지력이 있다고 합니다. 그러니까 범죄가 일어나는 건수에는 나타나지 않지만 사형 제도가 있다는 것만으로 사람들이 범죄를 하지 못하게 하는 힘이 있다는 거지요.

그리고 정의의 관점에서 봤을 때 사형 제도는 유지되어야 한다고 합니다. 사형을 시켜서 범죄가 늘어나고 줄어들고 그런 문제가 아니라 '눈에는 눈, 이에는 이'라는 식의 처벌이 이루어져야 한다는 주장이지요. 다른 사람의 목숨을 수십 명 앗아간 범죄자는 사형으로 처단해야 한다는 거예요. 예를 들면 연쇄살인범 유영철 같은 사람을 떠올릴 수 있겠지요.

사형 존치론과 사형 폐지론은 오랜 세월을 두고 치열한 논쟁의 대상이 되어 왔어요. 한마디로 어느 쪽이 옳다고 말할 수 없을 만큼

복잡한 문제입니다. 양쪽 입장이 모두 어느 정도 일리가 있거든요.

저는 사형 폐지론의 손을 들고 싶습니다. 사실 다른 논리에 대해서는 존치론 쪽 주장도 틀리지 않았다고 생각합니다. 하지만 무엇보다도 오판의 가능성이 있기 때문에 사형은 폐지해야 한다고 생각합니다.

아까 이야기했던 효봉 스님 기억하지요? 극단적으로 말하자면 범인이 아닌 사람에게 사형선고를 내리는 일은 효봉 스님만의 일은 아닐 겁니다. 그러니까 만에 하나라도 억울한 사람을 처벌할 가능성이 있다면 피해야 되지 않나 싶어요.

그러면 사람들은 확실한 살인범만 사형시키면 되지 않느냐고 말해요. 하지만 얼마나 확실한 것을 확실하다고 해야 할까요?

예를 들면 유영철을 보세요. 자기 범죄를 다 인정했지요. 그런데 만약에 유영철이 자기는 안 죽였다고 하면 어떻게 될까요? 그렇게 되면 자백한 내용이 거짓일 수도 있는 거잖아요.

효봉 스님도 나름대로는 확신을 갖고 사형을 선고한 겁니다. 그러니까 확실한 살인범에게 사형선고를 내린 거예요. 그런데 나중에 보니 그 판단이 틀렸잖아요.

『사형수 오휘웅 이야기』라는 책이 나온 적이 있습니다. 한 기자가 실제 있었던 살인 사건을 놓고 미국 드라마에 나오는 과학수사대 CSI처럼 추적해서 보도한 거예요.

그 사건이란 건 이거예요. 오휘웅이라는 사람이 있었어요. 그런데 한 가족을 몰살한 범인으로 몰렸지요. 오휘웅은 재판을 받고 대법원까지 가서 사형선고를 받았고 결국 사형이 집행되었습니다. 그런데 기자가 이 사건을 파헤쳐서 오휘웅이 진범이 아니라는 걸 밝혀냈지요.

이 책을 읽어 보면 사형을 확신한다는 것이 불가능하다는 느낌이 들어요. 결국 사람은 누구나 틀릴 수 있어요. 그러니까 "확실한 경우만 사형시키자"는 말에는 무리가 있는 것이지요.

그래서 저는 오판의 가능성이 있기 때문에 사형 폐지론에 찬성합니다.

_4_
어떤 사건을 겪으셨나요?

● 가장 해결하기 힘들었던 사건 하나만 이야기해 주세요.

제가 쓴 책 『디케의 눈』에서도 이야기했지만 제가 사법연수원을 다닐 때 있었던 일입니다. 사법연수원을 다니면 국선 변호라는 걸 하게 돼요. 돈이 없는 사람을 위해서 국가가 변호사를 선임해 주는데 그 사람들이 하는 일이 국선 변호예요. 국선 변호는 변호사들도 하고 사법연수원생들도 하거든요.

그때 정신이 이상한 사람을 변론한 적이 있어요. 이 사람이 잡혀 온 사정은 이래요. 하루는 종로 거리를 걷다가 등산용 버너 파는 곳을 지나고 있었대요. 등산이나 낚시를 하러 가서 요리할 때 보통 쓰는 거 말이에요. 마침 그 가게 주인이 버너의 성능을 보여 주려고 물을 끓이고 있었답니다. 그런데 이 사람이 그 끓는 물을 버너 파는 사람에게 부어 버렸어요. 그래서 버너 장수가 화상을 입었지요.

이 사람이랑 이야기를 해 보니 그런 짓을 할 뚜렷한 동기가 없었어요. 그 사람은 정신병에 걸린 거였어요. 그런데 정신병에 걸린 사람은 법으로 처벌할 수가 없어요. 자기가 어떤 행동을 했는지 모르니까 책임을 물을 수 없거든요.

그러나 검찰에서는 처벌하지는 못하지만 병원에 가두어 둬야 한다고 재판을 청구했지요. 제 쪽에서는 이 사람이 비록 그런 죄를 지었지만 한 번도 범죄를 저지른 전과가 없고 다른 사람을 공격한 적이 없기 때문에 이번에는 봐줘야 한다는 변론을 폈습니다. 아무래도 정상이 아닌 사람을 맡았기 때문에 변호하기가 아주 힘들었지요.

국가에서 저에게 국선 변호를 시킨 것은 이 사람을 변론해 주라는 것입니다. 하지만 우리 변호사가 잘 변론해서 이 사람이 풀려났는데 또 뜨거운 물을 다른 사람에게 부어 버리면 어떡해요?

이런 생각에 과연 이 사람이 어떤 사람일지 궁금해 하며 처음 교도소에 갔던 날입니다. 교도관이 커피를 한 잔 타주시더군요. 커피 잔을 테이블에 올려놓고 이 사람과 면담을 하는데 말은 잘 통했어요.

나는 그 사람에게 물었지요. "왜 끓는 물을 버너 장수에게 부었어요? 버너 장수는 생전 처음 보는 사람이고 아무런 원한 관계도 없잖아요."라고 말이에요.

그 사람의 대답은 이랬습니다. 자기가 길을 가다가 버너 장수가 물을 끓이는 것을 보았는데 물이 자기한테 "너무 뜨겁다."고 말을 걸더래요. 그래서 화가 나서 뜨거운 물을 들어서 버너 장수에게 부었다는 거예요.

이 말을 듣고 나는 커피 잔을 숨겼어요. 혹시 이 커피를 나한테 부으면 어떡하나 싶어서요. '커피가 뜨겁다고 해서 화가 났다.'고 할까 봐 걱정이 되었지요. 그리고 '이 사람이 풀려나서 다른 사람에게 또 피해를 주면 어떡하나' 하는 생각에 갈등에 빠졌지요.

하지만 변호사는 원칙적으로 자기 의뢰인의 입장을 생각해야 합니다. 그게 변호사로서 기본적인 윤리입니다. 다른 무엇보다도 여기 내 앞에 앉은 피고인을 생각해야 하지요. 피고인은 죄를 지은 사람일 수 있지만 궁지에 몰린 사람이기 때문에 변호사는 누구보다도 자기 의뢰인의 편을 들어야 해요.

중간의 공정한 입장에서 판단하는 것은 판사가 맡은 일이지요. 변호인은 피고의 편을 들어 줘야 합니다. 피고가 아무리 나쁜 짓을 했고 죄를 저지른 것이 분명하다고 해도 맘 편하게 말할 수 있게 들어 주는 게 변호사의 역할이에요. 하지만 어떤 경우에는 사회 전체를 생각하지 않을 수가 없지요. 그런 때가 변호사로서는 힘들어요.

● 결단 내리기 힘든 사건이 있을 때 어떻게 풀어 가시나요?

   양쪽 다 고려해야 할 사정이 있는데 한쪽으로 결정을 내리지 않으면 안 될 때, 그런 때가 상당히 어려워요. 범죄를 저지른 건 맞지만 피해자도 그만한 책임이 있다든가…… 하지만 저로서는 어느 한쪽 편을 들지 않을 수가 없을 때 어렵지요. 그럴 땐 양쪽 주장을 충분히 들은 다음에 나름대로 최대한 공정하게 판단해서 결정하려고 애를 씁니다.

● 가장 보람 있었던 일은 어떤 거예요?

   검사를 할 때의 일이에요. 억울하게 범인으로 몰린 사람이 있었어요. 여러 가지 증거들을 봐서는 유죄가 확실한 사람이었어요. 그래서 구속되었고요. 제가 수사를 해 보니 그 사람은 범인이 아니라는 사실을 확인할 수 있었고, 그 사람의 억울함을 풀어 줄 수 있었지요. 그때가 보람 있었습니다.
   또 이런 일이 있었어요. 어떤 여자가 폭행을 당한 사건이었습니다. 그 여자가 폭행당하고 1년 후에 범인이라고 생각되는 사람을 잡았어요. 잡아 온 사람과 폭행을 당한 여자를 대면시키니까 여자는 그 남자가 범인이라고 했어요. 하지만 그 남자는 자기가 범인이 아니라고 하는 거예요.

저는 그 남자를 구속한 다음 조사를 계속했지요. 사건 당시 여자와 같이 있던 친구도 그 남자가 범인인 것 같다고 했어요. 그러니까 만약 그대로 재판을 받게 했으면 유죄판결이 나올 확률이 높았지요.

하지만 아무래도 미심쩍은 것들이 있었어요. 그래서 조사를 더 해 봤지요. 결국 나중에 진범이 이 남자가 아니라 그 남자의 동생이었다는 걸 밝혔어요. 그래서 그 남자를 풀어 줬지요.

이렇게 억울한 사람을 구해 줬을 때가 가장 기뻤습니다.

● 요즘 가장 많이 일어나는 사건은 뭐예요?

글쎄요. 온갖 사건들이 많이 일어나지요.

의사 선생님은 내과, 외과, 안과 등 자기 전문 분야가 따로 있잖아요. 예전에는 우리나라의 경제 활동이 그렇게 복잡하지 않았고 그에 따라 법이 발달해 있지 않았기 때문에 한 변호사가 형사 사건, 민사 사건, 기업 사건, 국제 문제까지 두루 맡았어요.

형사 사건은 간단하게 말하자면 국가가 법률로 범죄라고 규정해 놓은 일을 저질러서 재판을 하게 되는 일을 말해요. 예를 들면 살인 사건 같은 것이 있지요. 왜 국가가 미리 범죄라고 규정을 해 놓았냐하면 개인들끼리 해결하라고 맡겨 놓기엔 사회 전체에 위협이 되기 때문이지요. 이런 형사 사건에는 국가가 경찰 같은 공권력을 동원하지요.

반대로 민사 사건은 개인들끼리 다툼이 생겼는데 서로 타협하지 못해서 재판을 하게 되는 일을 말해요. 민사 사건은 다툼의 당사자끼리 합의하도록 하는 것을 최우선으로 하지요.

그런데 지금은 변호사의 일도 점점 분화되고 있어서 기업 활동을 자문하는 변호사, 국가 간이나 기업 간에 국제적인 거래가 있을 때 법률적인 문제를 해결하는 변호사 등 각자 전문 분야가 있습니다.

저는 검사 출신이기 때문에 형사 사건을 많이 맡습니다. 형사 사건을 맡는 변호사는 억울한 사람이 있을 수 있으니까 그런 사람을 지켜 주는 일을 합니다.

반면 검사는 국가나 사회의 변호사 같은 거예요. 범죄자로 인해서 흐트러진 법질서를 지키려는 사람이지요.

형사 사건 말고 제가 어떤 일을 하는지 하나 더 예를 들어 볼까요. 우리나라 사진작가 중에 세계적으로 유명한 분이 있었습니다. 이분이 외국에서 전시회를 하려고 그쪽 관계자들과 계약을 맺어야 했지요. 제가 그 계약의 자문을 맡은 적이 있습니다.

예를 들어 오스트리아 빈에서 전시회를 하면 전시회의 예산부터 전시 계획, 홍보까지 총괄하는 큐레이터가 있게 마련이지요. 그래서 큐레이터와 작가 둘 중에서 작품 선정을 누가 할 것이며, 어떤 방식으로 전시를 할 것인지, 비용은 어떻게 할 것인지, 만약에 이 전시회가 어떤 사정으로 못 열리게 됐을 때 책임은 어떻게 질 것인지, 이런 계약서를 쓰는 데 변호사의 전문 지식이 꼭 필요합니다. 그래서 자문을 하는 일이 종종 있어요.

이렇듯 사건에는 굉장히 다양한 분야가 있어요. 그래서 어떤 사건이 특별히 많이 일어난다고 말하기가 어렵겠네요.

● 청소년을 변호하신 적도 있어요?

청소년들의 변호를 맡은 적은 없고 검사 시절에는 청소년이 범죄를 저지른 사건을 많이 맡아 보았습니다. 청소년들이 저지르는 범죄는 주로 절도, 즉 남의 물건을 훔치는 일이에요. 특히 오토바이를 훔치는 일이 많았어요. 앞뒤 생각 없이 오토바이를 훔치거나 본드를 흡입해서 잡혀 오는 일이 많았지요.

청소년을 상대할 경우에는 처벌하는 것이 목적이 아닙니다. 아직 어리니까 어떻게든 교화해서 다시는 그런 일을 안 하도록 하는 것이 목적이지요. 그래서 청소년이 잡혀 오면 부모님을 오시라고 해서 상담하고는 용서해 주는 경우가 많지요.

● 살인범도 변호하신 적이 있으세요? 무서울 것 같은데……

변호는 안 해 봤어요. 검사 시절, 기소는 해 봤지요. 그러니까 재판을 받도록 했던 거지요.

법이 지켜야 할 것에는 재산이나 건강 등 여러 가지가 있는데, 그중 사람의 생명이 무엇보다 중요한 가치입니다. 그렇기 때문에 살인 사건은 어느 나라나 가장 중한 범죄입니다.

그렇다고 그런 일을 저지른 사람이 무섭지는 않아요. 사실 살인 사건들은 거의 80% 정도가 아는 사람 사이에 일어나요. 왜냐하면 아는 사람 사이에는 애정이 많은 만큼 증오심도 높아지기 마련이거든요. 그래서 부부 관계나 애인 관계 등 가까운 사이에서 순간적으로 화가 나서 살인이 일어나는 경우가 많아요.

어떤 사람이 살해되는 사건이 일어나면 검사들이 현장에 나가요. 현장에 가서는 살해당한 사람의 주변 사람들을 조사하는 데 중점을 두지요. 가족이나 친한 사람이 범인일 경우가 많거든요. 대개 이런 사람들은 바로 잡히는데 후회를 많이 하지요.

그렇지 않고 돈을 노렸다거나 다른 이유 때문에 살인을 한 사람들은 이런 경우와 다르지요. 하지만 무섭지는 않아요.

● 가장 황당했던 일은 무엇인가요?

황당한 일은 많이 겪어요. 특히 사람들이 거짓말을 할 때 그런 일이 많지요. 거짓말은 나쁜 마음에서 하기도 하지만 창피해서도 많이 하는 것 같아요.

제가 검사였을 때는 사람들이 검사 앞이니까 죄를 감추기 위해 거짓말을 할 수도 있겠다고 생각했지요. 검사는 죄를 묻는 사람이 잖아요.

그런데 제가 변호사로 일하고 있는 지금도 그런 일이 종종 생깁니다. 변호사는 자기편이잖아요? 그런데도 거짓말 하는 사람들이 있어요.

저는 의뢰인이 오면 "변호사와 의뢰인은 신뢰를 지키게 되어 있습니다."라든지 "어디 가서든 의뢰인에 대해 절대 이야기하지 않습니다."고 말해 주면서 사실대로 이야기하라고 하지요. 저한테는 부끄러워할 이유도 없으니 자기 이야기를 다 해야 한다고 해요. 그래도 사람들은 감추고 거짓말을 해요. 그래서 나중에 보면 정말로 황당무계한 이야기가 숨어 있는 경우가 종종 있지요.

● 검사 생활이랑 변호사 생활이랑 해 보셨는데요, 몇 살 때 검사가 되신 거예요?

사법연수원을 2년 다닌 후에 27살에 검사가 되었습니다. 검사 생활을 12년 동안 했고요. 그리고 나서 변호사가 된 건 39살이었는데 지금 2년째 변호사로 일하고 있어요.

검사 생활도 재미있게 했는데, 변호사 일도 참 재미있는 것 같아요.

판사의 경우에는 아버님이 판사이셨기 때문에 옆에서 지켜봤고 또 아버님의 판사 친구분들이 저희 집에 많이 놀러 오셔서 같이 이야기를 나누곤 해서 친숙한 편이에요. 그 친구분들 중에는 나중에 대법원장이 되신 분도 있고 대법관이 되신 분도 있었지요.

판사들은 모두 일을 좋아해요. 그리고 기본적으로 일이 많지만 보람 있게 일을 하시지요. 근데 약간 공부벌레랄까 그런 면모가 있는 건 맞지요.

_5_

현재 삶에 만족하세요?

● 변호사님 어렸을 때 꿈은 뭐였어요?

돌아가신 아버지가 판사를 하다가 변호사를 하셨어요. 그래서 그런지 어머니도 저에게 판사를 했으면 한다고 말씀하셨지요. 저도 한때는 그럴 맘이 있었어요.

그런데 어려서는 탐정을 하고 싶었어요. 한참 셜록 홈즈가 나오는 소설을 보면서 푹 빠져 있었거든요. 셜록 홈즈를 좋아했어요.

왓슨 박사가 셜록 홈즈를 처음 만나서 같이 하숙을 할 때 셜록 홈즈가 써 놓은 논문을 보게 되는데 거기에 이런 말이 나와요.

"논리적인 사람은 바다를 보거나 폭포 소리를 듣지 않고도 한 방울의 물에서 대서양이나 나이아가라 폭포의 가능성을 추리해 낼 수 있다. 그래서 인생 전체는 하나의 거대한 사슬이 되고, 우리는 그 사슬의 일부를 보고 전체를 알 수 있는 것이다.”

이런 말을 하면서 그런 식으로 추리를 하는 탐정의 모습이 멋있게 느껴졌어요.

판사나 탐정, 그 두 가지 생각을 품고 어린 시절을 보냈습니다. 그런데 어느 날 생각해 보니까 아버지가 판사를 하셨다고 해서 저도 꼭 판사를 하라는 법은 없다는 생각이 들었어요. 또 우리나라는 탐정이 법으로 허용되어 있지 않지만, 검사가 탐정과 비슷한 일을 하는 사람이라는 것도 알게 되었지요. 그래서 검사를 하는 법률가가 되면 탐정 일도 할 수 있지 않을까 해서 검사가 된 거예요.

● 자식에게 법률가가 되라고 권하시나요?

어느 나라나 의사나 법률가 같은 직업은 자격의 제한이 있어서 되기가 어려워요. 의사는 다른 사람의 건강을 책임져야 하기 때문에 아무나 의사를 시켜 놓으면 큰일 날 수가 있잖아요.

변호사도 마찬가지지요. 다른 사람의 재산이나 중요한 일들을 맡아서 처리해야 하고 사형수의 경우에는 목숨까지 걸려 있기 때문에 자격 조건이 까다롭습니다.

이렇게 법률가가 되기가 쉽지 않은 만큼 일단 되고 나면 사회적으로 존경을 받고 어느 정도 돈도 잘 벌지요. 그래서 부모들은 자기 자식이 법률가가 되면 좋겠다는 생각들을 많이 해요.

저도 변호사의 입장에서 말씀드리면 변호사는 아주 재밌고 권하고 싶은 직업이라고 생각해요. 그런데 제 아이들이 꼭 법률가가 되고 싶어 하는지는 잘 모르겠어요.

저도 아이들에게 변호사가 되라고 말하지는 않지요. 저는 제 생활에 만족하고 있고, 아이들이 변호사가 되어도 좋다고 생각해요. 하지만 아이들의 뜻에 상관없이 '변호사가 좋으니까 너도 꼭 이걸 해라'라고 말할 생각은 없어요.

제 큰아들은 지금은 수의사나 동물학자가 되고 싶어 해요. 집에서 거북이를 키우지요. 저는 동물을 그렇게 좋아하지 않지만 그 아이는 좋아해요. 저는 그 아이가 동물학자나 수의사가 되겠다고 해도 반대할 생각은 없어요. 자기가 하고 싶은 일을 할 때 가장 행복하고 또 잘할 수 있는 것이니까요.

● 현재 삶에 만족하세요?

저는 만족하고 있어요.

물론 힘들 때가 있어요. 변호사만 그런 건 아닐 거예요. 의사, 회사원, 정치가 등 어떤 직업을 갖고 있건 간에 누구나 자기 일을 하다 보면 스트레스를 받게 마련이잖아요. 그만두고 싶은 마음이 생길 수도 있고, 어디론가 가 버리고 싶기도 하고, 휴가를 떠나고 싶을 때가 생깁니다. 그래서 평상시 일에서 오는 스트레스를 어떻게 다루는지가 중요하지요.

이런 일상적인 스트레스가 있음에도 불구하고 저는 만족하는 편입니다. 어려서부터 법률가가 되는 게 꿈이었거든요. 또 법학 공부가 저하고 잘 맞기도 하고요.

자기가 좋아하는 일을 하는 게 굉장히 중요한 것 같아요. 의과대학을 나온 사람 중에는 병원에서 의사로 일하지 않는 사람도 있습니다. 세균 같은 걸 연구하고 싶다고 해서 병원에서 연구원으로 일하는 거지요. 돈은 병원에서 일하는 의사들에 비해 적게 번다고 해도 자기가 그 일에 만족을 하면 좋은 거지요.

그래도 직업이니까 스트레스도 받고 훌쩍 떠나버리고 싶기도 하고 때론 지겨운 순간도 당연히 있겠지요. 하지만 근본적인 데서 만족하기 때문에 행복할 수 있어요. 그게 중요해요.

● 법이 지겹지는 않으세요?

아직은 중학생이니까 법에 대해서 잘 모르겠지만 법은 아주 재밌습니다. 책을 보면 법에 대해 알 수 있는 게 많습니다.

얼마 전에 제가 『디케의 눈』이란 책을 냈는데 법에 대해서 쉽게 쓴 책입니다. 변호사로서 겪은 이야기, 재미있는 사건 이야기, 이런 걸 담은 책이에요. 중학교 2학년인 우리 아들이 보더니 아주 재미있어 했어요. 상은이 학생도 재미있을 거예요.

우선 이런 책들을 보면서 그 일이 자기 스스로 좋아할 만한 일인지 아닌지 판단할 필요가 있습니다. 제가 판단하기에, 법은 지겹지 않을 뿐만 아니라 충분히 재미를 느낄 수 있는 분야입니다.

저희 아버지는 저에게 변호사가 되어야 한다든지 그런 말씀을 전혀 안 했어요. 그런데 저희 어머니는 제가 판사가 되길 바라셨지요. 그래서 저는 법과대학을 갈 생각이 있었지요. 고등학교에 가면 문과, 이과를 선택해야 하잖아요? 그래서 저는 문과를 가려고 했지요.

그때 아버지께 "문과를 갈까요, 이과를 갈까요?"라고 여쭤 보았습니다. 그랬더니 아버지의 대답이 상상 밖이었어요. "너는 공부를 잘 못 하니까 문과를 나오면 실업자가 되기 쉬워. 그러니까 이과를 가라." 그러셨거든요. 그래서 저는 충격을 받았지요.

하지만 아버지는 저에게 법률가가 되라고 하지는 않으면서도 변호사라는 직업에 대해서는 좋은 말씀을 많이 하셨어요. 변호사는 대통령이나 거지나 다 친구가 될 수 있는 직업이다, 사람들 사이에서 벌어지는 일을 다루는 일을 하기 때문에 불우한 환경에서 자라거나 배운 게 없는 사람, 나쁜 짓을 저지른 사람, 도둑질을 했거나 심지어 살인을 한 사람까지 정말 이 사회의 다양한 사람들을 만나서 이야기를 들을 수 있다, 그런 말씀을 하셨지요.

법률가의 일을 하다 보면 이런 흥미로운 면도 있습니다. 예를 들어 우리가 다윈의 진화론을 학교에서 배우잖아요? 그런데 종교를 믿는 분들 중에 어떤 분들은 이런 주장을 하시는 일도 있었어요. 진화론이라는 게 아직 확인된 사실이 아니고 모순되는 점도 많은데 학교에서는 왜 진화론만 가르치냐, 창조론도 가르쳐야 하지 않느냐고 말이에요. 이 문제로 재판이 열리기까지 했지요. 이런 재판을 하다 보면 아주 깊이 있는 지식이 필요해요. 그래서 과학자들 수준에까지는 못 미치더라도 과학 공부도 해야 하지요.

황우석 박사 사건의 경우에도 판사나 검사, 변호사 들이 줄기세포를 비롯한 생명공학적 문제에 대해 공부를 해 가면서 재판을 했거든요.

이렇게 법률가는 누구나 알 수 있는 쉬운 문제부터 굉장히 복잡한 문제까지 여러 가지를 다루기 때문에 재미를 느낄 수 있을 거라고 봐요.

● 운동은 잘하세요?

저는 농구를 굉장히 좋아했어요. 특별히 잘하는지는 모르겠어요. 고등학교 때 친구들이 농구를 잘해서 다른 학교에 원정 가기도 하고 그랬어요. 학교에 따로 농구부는 없었는데 아마추어들끼리 내기를 했지요. 농구를 아주 잘하는 제 친구들이 저를 끼워 준 셈이에요. 점수 차이가 많이 벌어질 때 제가 들어가거나 그랬지요. 그래도 그때는 농구를 워낙 좋아해서 열심히 했어요.

● 존경하는 법률가가 있으세요?

저보다 먼저 법률가로서 일을 하신 아버지를 존경해요. 법률가로서 가져야 할 마음을 가르쳐 주신 것 같아요.

"남의 말을 열심히 들어라."

"절대로 아닐 것 같은 것이 진실일 수도 있으니 항상 객관적으로 생각해야 한다."

이런 이야기들을 해 주셨지요. 그 말들이 지금 제게 큰 힘이 되는 것 같아요.

● 청소년 시절, 진로 정하는 데 부모님이 영향 끼치신 거예요?

청소년 시절에는 아버지가 일이 많았고 술도 좋아해서 집에 늦게 들어오시는 일이 많았어요. 그래서 안 좋은 점도 있었지요. 그런데 나중에 어른이 되고 난 다음에는 아버지랑 같은 직업을 갖고 있으니까 이야기를 많이 해서 좋았던 것 같아요.

부모 자식 간에도 여러 관계가 있는데 저 같은 경우에는 아버지와 친구처럼 지냈어요. 대학교 때 친하게 지낸 한 친구는 방학 때 집에 가면 마당에서 안방에 계신 아버지께 절을 한다고 하는 거예요.

그런데 저희는 아버지가 야단을 칠 때도 편한 자세로 듣는 집안이었거든요. 남들이 볼 때는 어떨지 모르지만 부모님이 그렇게 편하게 대해 주시고 제 진로에 대해서도 강요를 하지 않으셨던 게 참 좋았던 것 같아요.

● 부모님과 대립한 적이 있으세요?

  누구나 마찬가지겠지만 혼도 많이 났지요. 저희 아버지는 보통 때는 별로 야단을 안 치셨는데, 크리스마스 같은 날엔 꼭 불러 앉히는 거예요. 그게 정말 특이하셨지요. 꼭 친구들과 약속이 있어서 놀러 나가려고 하면 그러셨거든요.

  그렇게 불러 앉혀 놓고는 그동안 잘못한 걸 죽 이야기하면서 밤새 설교를 하셨어요. 그래서 크리스마스나 명절이 되면 각오를 하고 앉아 있어야 했지요. 주로 그때 했던 이야기는 이런 거예요.

  "오늘 어디를 가려 하지?"

  "친한 친구랑 같이 놀러 가려고 합니다."

  "나는 크리스마스 때 친구랑 둘이 앉아서 종교와 인생에 대해서 토론을 하면서 밤을 새웠는데 말이야, 너는 기껏 친구랑 놀러 간다고?"

  그러면 저는 반발을 하지요. 지금 친구가 기다리는데……

  그러다가 한번은 가만히 상황을 돌이켜봤습니다. 그랬더니 그대로 나가서는 안 되겠다는 생각이 들더군요. 도망갈 수도 없는 노릇인데…… 그러면 결국 저는 명절 때마다 혼나야 하고 부모님은 야단을 치시고…… 서로 좋을 게 없는 일이잖아요. 그래서 이걸 한번

개선을 해 봐야겠다, 생각했지요.

일단 반항을 하지 않기로 했어요. 아버지가 불러서 야단을 치면 반항을 하지 말고 앉아서 가만히 듣자, 그러다가 나중에 나의 주장을 한번 해 보자, 그렇게 다짐했어요.

그해에도 아버지는 절 불러 앉히셨지요. 아버지는 또 주로 하던 이야기를 시작하셨고요. 전 같았으면 아버지가 이렇게 야단을 치시면 친구가 기다린다는 둥 아빠는 크리스마스마다 난리라는 둥 그렇게 볼멘 소리를 했겠지요.

하지만 그해에는 크리스마스 때 아버지가 자기는 예전에 종교와 인생에 대해서 토론을 했었다는 말씀을 하실 때도 "예, 아버지 말씀이 다 옳습니다." 하고 가만히 있었어요. 반항하는 태도로 그랬던 게 아니라 정말 "네" 하면서 가만있었지요.

그러니까 아버지가 당황하시는 거예요. 그러더니 제가 이야기할 기회를 주셨습니다. 저는 그때 이렇게 이야기했지요. 사람이 공부만 하는 게 아니라 아무 생각 없이 놀 때도 있어야 합니다. 크리스마스 때 인생과 종교에 대해서 토론을 하는 것도 좋지만 크리스마스 때까지 그러고 있으면 능률이 떨어집니다. 제 생각은 공부할 때는 공부하는 거고 놀 때는 노는 겁니다. 그랬지요.

이 논리가 먹혔어요. 그래서 그 다음 해부터는 아버지의 그 설교가 싹 없어졌어요. 아버지가 그때 저를 인정해 주신 것 같아요.

지금은 그때 그 일을 이렇게도 생각합니다. 법을 공부하는 아들로서 아버지의 은혜에 보답하는 길은 논리로 아버지를 이기는 게 아닌가 하고요. 그때 처음으로 아버지를 이겼다는 생각이 들었거든요. 아버지를 당황하게 만들고 아버지가 예상하지 못하셨던 논리를 펼쳤으니까요. 아버지도 그런 저를 보고 기분 좋아하셨던 것 같아요.

사실 부모 자식 간에도 잘 들여다보면 공략할 틈이 있어요. 무조건 반항하고 싸우기보다는 서로 다른 의견이 있을 때는 그 틈을 파고들어 이야기해 보는 게 좋아요. 부모님들도 그렇게 하는 걸 좋아해요. 왜냐하면 부모의 입장에서도 자식과 가까워지고 싶고, 이야기도 많이 하고, 친해지고 싶거든요.

_6_
법률가가 되기 위해 필요한 것은?

● 변호사가 되려면 출신 학교가 중요하다는 말을 들었어요. 하버
드 대학이나 서울대에 가야 좋다고 하던데요. 근데 경험이 더 중
요하다는 사람도 있는 것 같아요. 변호사가 되기 위해서는 정말
출신 학교가 더 중요한 건가요?

좋은 학교를 나와야만 훌륭한 법률가가 되는 건 아니에요.

지난번에 대통령을 하셨던 노무현 전 대통령은 대학교를 졸업하
지 못했는데 사법시험에 붙어서 판사도 하고 변호사로서나 정치인
으로서 성공하셨잖아요. 좋은 학교를 나오는 것이 훌륭한 법률가가
되기 위해서 반드시 필요한 조건인 것은 아닙니다.

하지만 좋은 학교에서 배운다는 것은 훌륭한 교수님을 만난다는 의미는 있지요. 훌륭한 선생님께 배운 것은 법률가로서 살아가는 데 큰 도움이 됩니다.

올해부터 로스쿨(법학전문대학원)이 생겨서 앞으로는 법을 공부하고 법률가가 되는 일이 지금까지와는 또 달라집니다. 예전에는 교수님들이 주로 대학에서 법학 공부를 하신 분들이었는데 앞으로는 판사나 검사, 변호사 등 실무를 하시던 분들이 많아질 거예요.

제가 미국에서 로스쿨을 다닐 때도 마찬가지였습니다. 실제로 검사를 하던 분들이 와서 형법을 가르치시기도 했어요. 우리나라와 미국이 쇠고기 무역 협상을 했잖아요? FTA(Free Trade Agreement, 자유 무역 협정) 협상을 하기도 했고요. 이런 국제 협상에 직접 참여했던 분들이 와서 국제법을 가르치셨어요. 그러면 정말 살아 있는 강의를 들을 수 있지요.

하지만 로스쿨마다 전문 분야가 특화되어서 꼭 어떤 학교가 좋다고 말하기는 어려울 거예요.

● 법을 배우는 데 토론이 필요한가요?

재판하는 장면을 보더라도 서로 반대되는 주장을 하는 검사와 변호사가 토론을 통해서 자기주장을 펼치잖아요? 법 공부를 하는 데는 반드시 토론이 필요합니다. 토론은 연습을 하면 늘어요. 앞으로는 점점 더 토론이 중요해질 거예요.

우리나라에도 로스쿨 제도가 도입되어서 신입생을 모집하고 있습니다. 로스쿨을 유치하려고 여러 대학에서 노력을 했는데 로스쿨을 만들 수 있는 대학을 정하는 조건 중의 하나가 모의 법정이 있어야 한다는 거였습니다. 로스쿨 교육과정 중에 모의 재판을 해야 하기 때문이지요.

미국 대학에서는 모의 재판을 가지고 시합도 해요. 여러 그룹을 짜서 서로 대항하는 거지요. 거기에서 이기면 학교별 대회에도 나가고…… 국제적인 대회도 있어요. 모의 재판이 바로 토론 실력을 겨루는 시합장이지요.

저도 법과대학을 다닐 때 모의 재판을 했는데 아주 재미있었어요. 그때 했던 재판은 형사법 관련된 것이었는데 배심재판을 했어요. 로스쿨은 3년이지만 법과대학은 4학년까지 있으니까 2학년 학생들은 피고인이나 증인, 3학년 학생들은 검사와 변호사 그리고 4학년이 판사 역할을 맡아서 했지요.

저는 3학년 때 변호사를 맡아서 마약 사건을 놓고 변론을 한 적이 있어요. 아주 재미있었어요. 검사와 변호사가 각자 주장을 펼치면 배심원들이 누구 말이 더 설득력이 있는지 판정을 내렸지요. 진짜 재판이 아닌데도 경쟁심이 생기기도 하고 그랬답니다. 갈고닦은 토론 실력을 겨루게 되니까 분위기가 뜨거워졌던 거지요.

● 우리나라에 생긴 로스쿨은 어떤 것인가요?

지금까지는 대학에서 어떤 전공을 했는지에 상관없이 사법시험을 통과하고 연수원을 무사히 졸업하면 법조인이 될 수 있었습니다.

하지만 2009년부터 로스쿨이라는 학교가 생겼는데요, 전공과 관계없이 대학을 졸업한 사람은 누구나 시험을 봐서 로스쿨에 들어갈 수 있습니다. 3년 동안 로스쿨 과정을 무사히 마치고 변호사 시험에 합격하면 법조인 자격을 주는 것이지요. 그 사람들 중에서 다시 판사나 검사를 선발하게 되지요.

로스쿨에 입학하기 위해서는 법학적성시험(LEET)이라는 공통 시험을 통과해야 합니다. 법학적성시험은 법학 지식을 살피는 시험이 아니라 법학 교육을 받을 수 있는지 기본적 소양이나 잠재적인 적성을 살피는 시험입니다.

로스쿨에 입학하려는 사람들은 대학에서 다양한 전공을 공부할 수 있기 때문에 평소에 자기가 어떤 분야를 공부하고 싶은지 고민해 보는 게 좋을 것입니다.

● 로스쿨에 들어가려면 성적이 좋아야 하나요?

아무래도 로스쿨에서 학생을 뽑을 때 성적을 볼 가능성이 있겠지요. 그래도 법학이라는 것은 논리적으로 생각할 수 있는 능력이 있으면 공부할 수 있기 때문에 특출하게 머리가 좋거나 남들과는 확연히 다른 천재여야 할 수 있는 것은 아닙니다.

그리고 공부만큼 중요한 것이 사회에 대한 관심이지요. 도서관에 앉아서 공부만 하는 사람보다는 다양한 분야에 관심을 갖고 봉사 활동 같은 걸 열심히 하는 학생들을 로스쿨에서도 환영할 것이라고 생각합니다.

또 하나 중요한 것은 성실함입니다. 법률가의 일이란 게 결국 다른 사람의 일을 맡아서 대신 처리해 주는 거잖아요. 그러니까 다른 어떤 직업보다도 성실해야 합니다.

저는 대학 때 공부를 별로 열심히 하지 않아서 성적이 그렇게 좋지는 않았어요. 미국에 있는 로스쿨에 들어갈 때는 검찰에서 5년간 근무를 하다가 갔습니다. 법원도 그렇고 검찰에서는 5년 정도 근무를 하고 나면 시험을 봐서 영어 성적이 좋은 경우에는 1년간 유학 갈 기회를 주거든요.

저에게도 이 기회가 주어져서 미국에 있는 한 로스쿨에 지원을 했습니다. 대학 때의 성적은 형편없었지만 저에게는 그동안 검사로 일한 경험이 있었어요. 그리고 자기 소개서 같은 에세이를 열심히 준비했지요. 그래서 입학 허가를 받았습니다.

● '말발'이 있어야 한다던데 정말 그래요?

법률가는 아무래도 말과 글로 일을 하기 때문에 말발은 중요합니다. 그런데 화려하거나 어려운 말을 써서 잘하는 게 중요하다는 말이 아닙니다. 논리적으로 말을 잘하는 것이 중요하다는 겁니다.

변호사에도 여러 종류가 있어요. 법정에 서서 변론하는 변호사가 있고, 계약서를 작성하거나 회사 업무를 도와주는 변호사가 있습니다. 법정에 서는 변호사들은 말을 잘해야 돼요.

존 그리샴이라는 미국 소설가가 있는데, 그 사람이 쓴 소설 중의 한 대목을 보면 뛰어난 변호사가 변론하는 장면이 나와요. 그 변호사는 30분에 걸쳐서 변론을 하는데 한 번도 같은 단어를 되풀이하지 않으면서도 법정 안에 있는 모든 사람들이 이해할 수 있는 쉬운 말을 쓴다고 묘사되어 있지요.

법률과 관련된 이야기를 하려면 복잡하고 어려운 전문 용어들이 많고, 사건도 그 내용이 복잡하고 어려운 경우가 많은데, 이런 걸 쉽게 풀어서 사람들이 알아듣기 쉽게 말해 주는 것이 뛰어난 변호란 거지요. 그러려면 말을 잘해야 해요.

연습을 많이 하면 말하는 솜씨는 좋아집니다. 토론 같은 걸 많이 해 보는 게 좋아요. 변호사가 하는 변론도 결국 토론이거든요.

텔레비전에서 하는 토론 프로그램 같은 걸 보면 결국 토론에서 가장 중요한 건 듣는 사람의 입장을 생각하는 일인 것 같아요. '내가 하는 말을 내가 듣고 있다면 어떨까?' 이렇게 생각하는 거지요. 아무리 옳은 말을 하더라도 듣는 사람이 지겨워서 안 들으면 효과가 없잖아요. 항상 듣는 사람을 염두에 두고 말을 해야 합니다. 지금 내 말을 듣는 사람이 누구이며 이 말을 어떻게 받아들일까. 그게 가장 중요합니다.

요령을 하나 말씀 드릴게요. 가장 하고 싶은 말을 맨 처음에 하는 게 좋습니다. 내 생각은 이렇다 하는 것을 딱 이야기하고 나서 그 근거를 차근차근 대는 거지요.

또한 토론을 할 때는 먼저 상대방의 말을 경청하는 것이 중요합니다. 자기는 상대방의 말을 안 들으면서 상대방한테는 내 말만 들으라고 해서는 안 되잖아요. 상대방의 말을 잘 듣고 거기에서 모르는 점은 묻고 나와 생각이 다른 점은 이래서 다르다, 이러면서 이야기해 나가야 합니다. 그런 식으로 올바른 결론을 도출하는 게 토론에서는 제일 중요하니까요.

● 법 공부는 어렵지 않나요?

법이 어렵다고 생각하는 분들이 많은데 꼭 그렇지는 않습니다. 법은 물리학이나 수학같이 추상적인 이론이 아니라 우리가 일상생활에서 늘 접하는 문제를 다루는 학문이니까요.

예전에 이범렬 변호사라는 분이 쓰신 글 중에 인상 깊은 대목이 있습니다.

"판사들이 책을 많이 읽어야 하는데, 어려운 책이나 공부하는 책보다는 통속소설, 연애소설 같은 걸 읽어야 한다. 법은 결국 사람들의 생활을 다루는 것이기 때문에 추상적이고 어려운 이론보다는 사람을 잘 알아야 하기 때문이다."

이 구절을 감명 깊게 읽은 기억이 납니다. 사람들이 살아가는 사회에 대해서 호기심을 가지고 있고 저 사람은 왜 저렇게 행동할까 알고 싶은 마음만 있으면 법을 공부하는 일은 그렇게 어렵지 않다고 생각합니다.

● 법을 배우는 데 철학 같은 게 필요한가요?

법률가들이 하는 말에는 나름대로 철학이 깔려 있습니다. 예를 들어 아까 이야기했던 사형에 관한 논쟁에 대해 생각해 볼까요?

칸트라는 철학자는 "내일 세상이 멸망한다고 하더라도 오늘 사형을 집행해야 할 사람이 있다면 집행해야 한다."고 말했습니다. 칸트의 사상을 믿는 사람들은 법을 집행하는 것은 정의의 요청이기 때문에 반드시 지켜져야 한다고 말합니다.

반대로 사형이 없어져야 한다고 주장하는 사람들은 인권을 존중하는 입장에서 국가가 사람의 생명을 빼앗는 일은 없어야 한다고 말하지요. 또한 사형을 시킨다고 범죄율이 실제 줄어드는 건 아니지 않느냐고 합니다.

사형을 없애면 안 된다는 사람들은 법의 목적은 정의를 실현하는 것이기 때문에 범죄가 실제로 줄어들지 않는다고 해도 사형을 집행해야 한다고 하지요. "사형 폐지론자들은 인권을 이야기한다고 하지만 어떤 사람을 처벌해서 범죄를 줄인다든지 하는 건 사람을 수단으로 보는 것"이라고 주장합니다. 처벌은 어떤 것을 위한 수단이 될 수 없고 그 자체가 목적이자 정의 실현이 되어야 한다는 말입니다. 이들의 이 주장 속에는 칸트 철학의 논리가 깔려 있는 거예요.

물론 사형 폐지 문제는 이 외에도 여러 가지 복잡한 논리가 있고 한마디로 쉽게 말할 수는 없는 것이에요.

이런 식으로 법을 공부할 때는 여러 철학적 사유가 관계된답니다.

● 중·고등학교에서는 어떤 과목이 중요할까요?

중요하지 않은 과목이 없겠지만, 수학을 열심히 하라는 말씀을 드리고 싶어요. 흔히 하는 말로 영어를 잘하는 사람보다는 수학을 잘하는 사람이 사법시험에 합격할 확률이 높다고 하는데 저도 그 이야기가 일리가 있는 것 같아요.

법이란 것이 굉장히 논리적이거든요. 다른 사람의 주장을 분석하는 것도 논리적인 사고가 꼭 필요한 일이지요. 그렇기 때문에 법학은 수학과 관계가 많다고 생각해요. 그렇다고 수학을 날 때부터 잘해야 한다는 건 아닙니다. 열심히 노력하면 충분히 잘할 수 있어요.

저도 고등학교 다닐 때 수학 공부를 열심히 했어요. 독서실에 다니면서 공부를 했는데 밥 먹으러 가는 시간이 아까워서 엄마한테 샌드위치를 싸 달라고 해서 그걸 먹으면서 수학 공부를 했지요.

방정식을 공부하다 보면 그래프가 있고 x축, y축이 나오잖아요. 그때는 자다가도 그런 그래프가 나오는 수학 꿈을 꾸기도 했지요.

그렇게 열심히 하다가 보니 수학을 좋아하게 됐어요. 그때 그렇게 공부한 게 나중에 법학 공부를 하는 데도 도움이 많이 되었어요.

수학을 처음 공부할 때는 어렵게 느껴지지요. 저도 처음에는 수학을 싫어했는데 열심히 하면서 어느 정도 좋아졌습니다. 그러기 위해서는 과학이나 수학의 발전에 대해서 재미있게 풀어 놓은 책들을 읽는 게 도움이 됩니다. 수학자들이 어떤 발견을 했고, 그런 발견이 세상에 어떤 변화를 가져왔고, 그 발견을 둘러싼 어떤 재미난 이야기가 있는지…… 이런 이야기들을 읽다 보면 수학에 흥미가 생기기도 하고 해 보고 싶다는 마음이 생기게 돼요.

또 한 가지를 말씀 드리자면 법학은 언어를 다루는 학문이기 때문에 글 쓰는 걸 잘하면 좋습니다. 미국 로스쿨 입학생 중에는 영문학과 출신 학생들이 상당히 많습니다. 우리로 치면 국문학과이지요. 글을 잘 쓴다는 것은 자기 생각을 논리적으로 잘 표현한다는 말이니까 법률가로서 꼭 필요한 소질이라고 할 수 있어요.

또 역사 공부를 하면 좋다고 해요. 법이라는 것이 누군가 하루아침에 앉아서 어떤 원리를 생각해 내서 이루어진 것이 아니잖아요. 법에는 수천 년에 걸쳐서 이루어진 문화가 밑바탕에 깔려 있기 때문에 역사를 알면 많은 도움이 되겠지요.

● 저는 체력은 자신 있는데…… 건강이 중요한가요?

건강은 중요해요. 저도 병 같은 건 걸린 적이 거의 없는데 예전에 사법시험을 준비하다가 크게 병원 신세를 진 적이 있어요. 친구들하고 장난치다가 다쳤거든요. 그래서 석 달을 꼼짝도 못하고 누워 있었지요.

그래서 그해에는 시험에 떨어졌어요. 1차 시험에 붙고 나서 1년

후에 2차 시험을 봐야 하는데, 다쳐서 세 달 정도를 꼼짝 못했던 때가 바로 그 시기였거든요. 책도 못 보았지요.

세 달 정도 누워 있다 처음 일어났으니 걸음을 걷는 것도 쉽지가 않더라고요. 걸음을 제대로 못 걸어서 걷는 것도 연습해야 했어요. 그러니까 아무래도 공부하는 양이 적어졌지요.

그렇게 공부하고는 2차 시험을 보았어요. 저는 시험을 잘 봤다고 생각했는데도 떨어졌습니다. 그래서 다음 해에 붙었어요. 다치는 건 어쩔 수 없지만 건강은 조심하는 게 좋아요.

대검찰청에 중앙수사부라고 있는데 우리나라에서 중요한 사건은 거기에서 많이 맡지요. 검사 시절에 어떤 사건이 있어서 제가 중수부에 가서 일한 적이 있었어요. 그때 중수부에 계신 선배 검사님이 저에게 "와서 일할 수 있냐, 며칠 밤을 새우고 그래야 하는데 괜찮겠냐?" 묻더군요. 그래서 저는 "체력은 자신 있다."고 했어요. 그때는 중수부에 가고 싶었거든요. 그래서 그렇게 대답했지요.

그런데 중수부에 가면 몸이 정말 힘들어요. 왜냐하면 일이 엄청나게 많거든요. 이런 식이에요. 낮에는 내내 사람들을 불러서 조사하고 밤에는 많은 서류들을 검토하고 아침에는 보고하고 모여서 회의하고 다음날 계획을 짜고…… 실제로 집에도 못 가고 사무실에서 새우잠을 자면서 일을 해야 하는데 그러려면 체력이 아주 중요하지요.

법대나 로스쿨에서도 밤늦게까지 공부할 때가 많아요. 미국에서 변호사 시험을 볼 때도 두 달 정도는 새벽 4시까지 공부를 했지요. 사법시험을 준비하면서 공부를 했고 검사로 5년이나 일하다가 미국에 공부하러 갔는데도 그렇게 공부한 거예요. 그렇게 공부를 계속하려면 체력이 좋아야 합니다.

● 노는 걸 좋아하면 안 되나요?

법은 활동적인 일입니다. 수사를 하려면 범죄자도 만나야 해요. 검사가 되어서 실제 범죄 수사를 하다 보면 경찰관들을 만나서 의논도 해야 하지요. 이렇게 여러 사람을 만나서 일을 잘해 내려면 경험이 다양하면 좋을 거예요.

또 법률가는 사회가 변화하는 것을 잘 알아야 하는데, 그러려면 다양한 사람들을 만나야 해요. 그러기 위해서는 노는 것도 도움이 되지요. 그래서 미국 로스쿨의 경우에는 학생을 선발할 때 그 학생이 과거에 어떤 활동을 했는지 봐요.

아까 제가 법조인이 되기 위해서는 선입견 없이 열린 마음을 갖는 게 중요하다고 했잖아요? 그런데 그런 마음은 자기가 갖겠다고 생각만 해서 생기는 게 아니거든요. 사람들과 만나서 다양한 활동을 하고 다양한 경험이 쌓이면서 새로운 차원의 생각을 하게 되고 열린 마음이 생기고 그러는 것이지요.

깊은 생각을 하려면 책만 봐서는 안 되고 많은 경험을 해야 해요. 학생 때는 즐겁게 여러 활동을 하는 게 도움이 된다고 생각합니다.

● 봉사 활동은 어떨까요?

봉사라는 게 어려운 처지에 있는 사람들을 돕는 일이지만 사실 많은 걸 배울 수 있기 때문에 자기 자신에게 도움이 되는 일이기도 하지요.

제가 검사로 일할 때 어떤 학생이 오토바이를 훔쳐서 구속이 되어 왔는데 진짜 초등학생처럼 어리게 생긴 친구였어요. 그런데 이 친구가 반성하는 기색이 없이 말대답도 꼬박꼬박 하고 당돌하게 생글생글 웃고 그러는 거예요. 좀 건방져 보인다고 생각했는데 재판에서 판사가 그 아이를 소년원에 보냈어요. 어리니까 소년원에 보낸 거지요.

그런데 그때까지 생글생글 웃고 수갑 차고도 아무 소리도 안 하던 아이가 판사의 판결을 듣자 갑자기 서럽게 우는 거예요. 그때 이런 생각이 들더라고요. '저 아이가 겉으로는 저래도 얼마나 겁이 났을까?'

사실 그렇게 범죄를 저지르는 아이들은 가정이 불우한 경우가 많아요. 그때는 결국 그 친구를 위해서 아무런 일도 해 주지 못했는데 나중에 돌이켜 생각하면서 많이 후회했어요. 어떤 형태로든지 돌봐 주었으면 그 아이의 인생이 달라질 수도 있었을 텐데 하고 말이에요. 만일 그때 제가 나섰다면 그 아이에게도 도움이 되었겠지만 제 인생에 있어서도 큰 보람이 되었을 거예요. 그 후로는 저도 작은 일이라도 봉사 활동을 하려고 노력해 왔습니다.

봉사 활동은 다른 사람과 세상을 이해하는 데 많은 도움을 줍니다. 법률가가 되기 위해서 꼭 필요한 과정이지요. 조급하게 사법시험이나 로스쿨에 관심을 갖는 것보다는 주위 사람들을 이해하면서 깊고 넓은 생각을 할 수 있도록 노력하면 훌륭한 법률가가 될 수 있을 거예요.

What is Dream?

청심국제중학교 3학년 안상은

"꿈이란 무엇인가?" 평소 존경하던 역사 선생님께서 수업을 하다 말고 갑자기 칠판에 'What is Dream?'(꿈이라는 것은 무엇인가)라고 적더니 한 명씩 돌아가면서 발표하게 하셨다. 어떤 친구들은 머뭇거리기도 하였고, 건성건성 대답하기도 하였다. 나는 대부분의 아이들처럼 그저 고개만 숙이고 있었다. 선생님께서는 조용해진 교실을 한번 쭉 돌아보더니 고개를 끄덕이면서 조용히 칠판에 글을 적고는 다시 수업을 진행하셨다. 칠판에는 이렇게 씌어 있었다. "Dream is something that you would love and live your life for."(꿈이란 평생토록 사랑할 그 무엇이며 살아가는 이유 중의 하나이다.) 이 문구는 내 머릿속에서 오랫동안 잊히지 않았다.

그렇다. 꿈은 내가 살아가는 이유 중의 하나이다. 목표 없이 무의미하게 살아간다는 것은 인생의 가치를 모르는 것과 같다고 생각한다. 물론 단 한 번에 꿈과 목표를 정하는 것은 어렵다. 깊이 생각하고 차근차근 단계별로 천천히 생각하면서 꿈을 정하는 것이 올바르다고 생각한다.

나는 그동안 정확한 목표와 꿈 없이 살아왔다. 사실 목표를 정하기가 두려웠다고 하는 것이 더 정확한 표현이 될 것 같다. 왜 두려운 것일까? 막상 목표를 정하면 꼭 실패할 것만 같아서일지도 모른다. 학년이 높아질수록 어서 꿈을 찾고 목표를 세워야겠다는 마음은 커지지만, "과연 내가 해낼 수 있을까" "실패하지 않을까" 하는 두려움은 2배로 더 커지는 듯하다.

이때 두려움의 늪에서 허우적대는 나에게 구원의 손길을 건넨 것은 우연히 참가하게 된 한 캠프였다. 이런저런 캠프를 많이 참여해 보았지만, 이 캠프는 '드림 캠프'라는 처음 들어 보는 캠프였다. 이 캠프에서는 중학생들을 상대로 사회 각 분야의 전문가 선생님을 모셔 강연을 열었는데, 나는 그중 법 쪽에 관심이 많고 법률가가 되고 싶다는 생각을 해 봤기 때문에 법에 관한 얘기를 열심히 들으려 노력했다.

사형 제도에 대한 찬반 토론을 하기 위해 그룹 활동을 하였는데 이때 다른 친구들을 사귈 수 있었다. 쉬는 시간에 서로의 꿈에 대해 이야기를 나누었다. 친구들 모두 막연하든 구체적이든 나름의 꿈이 있는 것 같았다. 친구들과 얘기를 나누며 나는 왠지 모를 부끄러움을 느끼기도 했고 또 한편으로는 내가 진정 좋아하는 것에 대해 곰곰 생각할 기회를 갖게 되었다.

캠프를 다녀온 지 얼마 되지 않아서, 나에게 행운의 날벼락이 떨어졌다. 출판사에서 변호사님과 직접 인터뷰를 가질 수 있는 기회를 준 것이었다. 변호사님과의 인터뷰라…… 일대일로 마주 보고 대화를 나눌 생각을 하니 상상뿐인데도 두근두근했고, 한편으론 걱정도 많이 되었다. 하지만 금 덩어리보다 값진 이 기회를 어찌 놓치랴. 평상시 막연하게 알고 있던 '법' 이야기를 더 생생하게, 더 깊이 알고 싶었기에 나는 자신감을 갖고 도전하기로 했다. 좀 더 자연스럽게 인터뷰를 하기 위하여, 질문 거리를 미리 생각하기도 하고 '법'에 대한 기본 지식도 찾아보았다.

어느새 D-day! 차를 타고 가는 길이 왜 이리 멀어 보이는지, 왜 이리 떨리는 것인지…… 아마 내가 직접 인터뷰를 하는 것은 처음이기 때문일지도 모른다.

금태섭 변호사님과 인사를 나눈 후 뻣뻣하게 앉아서 초조하게 있다 보니 우리의 인터뷰를 녹음할 녹음기가 돌아가기 시작했다. 어렵사리 입을 열어 그동안 준비한 질문들을 하나둘 꺼냈다. 금태섭 변호사께서는 모든 질문 하나하나에 대해 짧고 굵게 답해 주셨고, 덕분에 나는 초반의 긴장감을 털어버리고 좀 더 편한 마음으로 인터뷰를 진행할 수 있었다. 딱딱하고 어색할 줄만 알았던 인터뷰는 생각보다 순조로웠고 마치 평소 친구와 대화하는 것처럼 편하게 느껴졌다.

법을 통해 우리가 사는 세상을 알게 되고 법이 무엇을 해야 하는지 배우고 변호사님의 경험담도 들으면서 감명 깊은 대목이 적지 않았다. 인터뷰 중간에 철학적인 내용이나 논쟁 거리도 나와서 더욱 색다른 경험이었다. 가끔 이해하기 어려운 대목도 있었지만, 수업 시간이었다면 무척 길게 느껴졌을 두 시간이 평소보다 빨리 지나간 기분이 들 정도로 재미있었다.

인터뷰가 끝날 때쯤, 이제 인터뷰가 끝나면 궁금한 점을 더 여쭈어 볼 기회가 없어진다는 사실이 무척 서운하게 다가왔다.

금태섭 변호사님처럼 유명하신 분과 직접 만나 인터뷰를 마쳤다는 게 아직도 얼떨떨하다. 금태섭 변호사님이 세상에 왜 법이 필요한지, 법이 무엇인지 찬찬히 설명해 주신 것에 대해서 너무나도 감사드린다. 무엇보다 더 고맙게 느낀 점은 목표를 세우는 것에 대해서 내가 자신감을 가질 수 있도록 북돋아 주신 점이다. 인터뷰에 응해 주신 금태섭 변호사님께 감사의 마음을 다시 전하고 싶다.

물론 나의 꿈은 변할 수 있겠지만, 설령 변한다 해도 목표를 세우는 것과 노력하는 과정에서는 자신감을 가지고 과감히 도전할 것

이다. 오늘도 나는 내 자신에게 외친다. "Carpe Diem."(지금 현재를

즐겨라.)

|2 부|

변호사가 들려주는 법 이야기

_1_
왜 법은 어렵게 느껴질까요?

　법이 어렵다고 생각하는 사람들이 많습니다. 사실 그렇게 생각하는 것도 무리는 아닙니다. 이번에 우리나라에도 로스쿨이 생겼는데 로스쿨에 들어가고 싶어 하는 사람들이 많기 때문에 합격을 하려면 공부를 정말 많이 해야 합니다. 로스쿨이 생기기 전에는 법학 공부를 하려면 법과대학에 다녀야 했는데 들어가기도 어려웠지만 다니면서 배우는 내용도 결코 쉽지 않았습니다. 변호사나 판사, 검사가 되려면 사법시험에 합격을 해야 하는데 사법시험은 우리나라에서 가장 어려운 시험으로 꼽혀 왔고 붙을 때까지 몇 년씩 공부하는 사람들도 많습니다.

우리나라만 그런 것은 아닙니다. 외국에서도 로스쿨이나 법과대학에서 하는 공부는 어렵기로 유명합니다. 미국에 있는 하버드 대학교 로스쿨 학생들의 생활을 소재로 유명한 작가가 쓴 『하버드 대학의 공부벌레들』이라는 소설이 있습니다. 나중에 영화와 텔레비전 드라마로도 만들어졌는데, 어려서부터 공부 잘하기로 소문난 학생들이 교수님들의 질문을 받고 쩔쩔매는 장면이 자주 등장하지요. 제목부터 '공부벌레들'이라고 되어 있지만, 로스쿨 학생들은 밤을 새워서 강의를 들을 준비를 하거나 하루 종일 꼼짝도 않고 시험공부를 하는 것 정도는 당연하다고 생각하는 학생들입니다. 그런 학생들이 교수님의 질문에 대답도 잘 못하는 것이지요. 다른 분야의 공부도 쉬운 것은 아니겠지만, 영화나 책의 소재로까지 쓰이는 것을 보면 법학이라는 것이 결코 만만하지 않다는 것을 짐작할 수 있을 겁니다.

꼭 법학을 전공하지 않는 사람들도 법에 대해서 어렵다고 느끼는 것은 마찬가지인 것 같습니다. 어쩌다 재판을 받게 되거나 법에 관심이 있어서 법학 책을 찾아본 사람들로부터 흔히 듣는 불평이 '뭐가 그렇게 어렵냐'는 것입니다. 책의 두께부터 엄청나게 두꺼운 데다가 내용을 이해하기는커녕 책에 나오는 단어부터 처음 들어 보는 것이 많아서 도무지 끝까지 읽어 볼 엄두도 나지 않는다고들 합니다.

법이 왜 그렇게 어렵게 느껴지는 걸까요? 법이란 보통 사람들은 이해하기도 힘든 것이라는 말이 맞는 것일까요? 꼭 그렇지는 않습니다. 저처럼 법학 공부를 하고 법률가가 된 사람들의 입장에서 보기에는 법학은 평범한 사람들도 꾸준히 노력하면 얼마든지 이해할 수 있는 것이라고 생각합니다. 오히려 진짜 어려운 것은 수학이나 물리학 같은 기초 학문 그리고 음악, 미술과 같은 예술 분야일 것입니다. 그것은 로스쿨에서 아무리 성적이 좋거나, 사회적으로 매우 존경받는 법률가라고 하더라도 '천재'라고 불리는 경우는 별로 없다는 점을 보아도 알 수 있습니다.

가우스나 라마누잔 같은 수학자를 보면 누구나 천재라고 하지요. 뉴턴이나 아인슈타인 같은 위대한 과학자들도 마찬가지입니다. 이분들이 학문적으로 커다란 업적을 남겼다는 점은 누구나 알고 있지만, 실제로 아인슈타인의 상대성 원리가 어떤 것인지 이해하는 사람은 몇 명 되지 않지요. 다른 사람들이 생각할 수 있는 범위를 몇 단계 뛰어넘어 섬광처럼 빛나는 이론을 발견하기 때문에 천재라는 말을 듣는 것입니다. 모차르트나 베토벤 같은 음악가, 고흐나 피카소 같은 화가는 더욱 그렇지요. 평범한 사람들이 미처 몰랐던 아름다움을 찾아내서 많은 사람들에게 감동을 주기 때문에 특별한 존재로 칭송을 받는 것입니다. 훌륭한 법률가들은 많습니다만, 그분들을 아인슈타인이나 모차르트 같은 천재라고 부르는 일은 거의 없지요. 이것을 보면 법이라는 것이 뛰어난 두뇌의 소유자들만 이해할 수 있는 특별한 학문은 아니라는 것이 분명하지요.

그럼에도 불구하고 법이 어렵게 느껴지는 것에는 몇 가지 이유가 있습니다. 우선 법은 사회에서 일어나는 수많은 일에 적용할 수 있어야 하기 때문에 평소에 잘 안 쓰는 용어를 사용합니다. 자세히 한번 볼까요. 법은 일상생활과 밀접한 관련이 있습니다. 우리들이 가게에서 물건을 사는 일, 급한 일이 있어서 다른 사람으로부터 돈을 빌리는 일, 핸드폰이 필요해서 이동통신 회사에 가입을 하는 일, 그리고 텔레비전 뉴스에 자주 등장하는 범죄자를 처벌하는 일까지 우리가 매일 보고 겪는 일 중에서 법과 아무런 관계가 없는 일은 거의 찾아보기가 힘듭니다. 그런데 이런 일들이 하나하나 생길 때마다 그때그때 법을 하나씩 만드는 것은 불가능합니다. 비슷한 유형의 일들을 모아서 전체적으로 적용할 수 있는 법을 만들어야 합니다.

예를 들어서 우리나라에는 수많은 집이 있는데 그 집을 사고파는 일에 적용할 법이 필요합니다. 또 많은 사람들이 자동차를 타고 다니는데 자동차를 사고파는 일에도 당연히 법이 적용됩니다. 학생들이 편의점에서 학용품을 구입하는 것도 따지고 보면 비슷한 일이지요. 하지만 그렇다고 해서 그 모든 일 하나하나에 적용할 법을 일일이 만들지는 않습니다. 이러한 일들의 공통점을 찾아서 모든 경우에 적용할 수 있는 규정을 만들지요. 집이나 자동차, 학용품을 사고파는 일을 법에서는 '매매계약'이라고 부릅니다. 그리고 매매계약에 해당하는 일에 적용하기 위한 규정을 두게 되지요. 그런데 집을 한 채 사기 위해서 법률 책을 찾아보면 '매매는 당사자 일방이 재산권을 상대방에게 이전할 것을 약정하고 상대방이 그 대금을 지급할 것을 약정함으로써 효력이 생긴다.(민법 제563조)'라는 내용을 발견하게 됩니다. 여기서 쉽게 '집'이라고 하지 않고 '재산권'이라는 말을 쓰는 것은 이 규정이 집을 사고파는 데에만 적용되는 것이 아니라 자동차를 사고파는 일, 학용품을 구입하는 일에도 모두 적용되는 것이기 때문입니다. 결국 이런 식으로 여기저기에 모두 적용할 수 있는 법을 만들다 보면 평소에 쓰지 않는 말을 쓸 수밖에 없게 됩니다. 이런 말들이 처음 법률 책을 찾아보는 사람들에게는 어렵게 느껴지는 것이지요. 로스쿨에 입학해서 처음 법학 공부를 시작하는 사람들이 가장 힘들어하는 것도 이런 용어에 익숙해지는 것입니다.

법률 용어가 어려워진 것은 우리나라의 법을 외국에서 들여왔기 때문이기도 합니다. 우리나라는 근대화 과정에서 서양의 문물을 갑작스럽게 받아들이면서 주로 독일의 법을 수입하게 되었습니다. 우리나라를 침략했던 일본이 독일 법을 받아들였기 때문이지요. 원래 우리나라에 존재하지 않던 제도를 들여오다 보니 새로 용어를 만들기도 하고 심지어 일본에서 만든 말들을 그대로 쓰기도 하였습니다. 그러다 보니 익숙하지 않은 단어가 생겨나게 된 것이지요. 물론 법률가들도 법률 용어를 쉽게 만들려는 노력을 계속하고 있지만 아직까지는 어려운 단어가 많이 남아 있습니다.

또한 다양한 일에 적용되는 법을 만들다 보면 비슷한 경우에 어떻게 해야 할지 법률가들 사이에 약속처럼 정해지는 것들이 생기게 됩니다. 그런데 직업적으로 법을 다루지 않는 사람들의 입장에서는 그런 약속을 모르기 때문에 법이 어렵게 느껴질 때가 있지요. 구구단을 모르는 사람이 "구구 팔십일"이라는 말을 들으면 무슨 말인지 당황하는 것과 마찬가지이지요. 알고 보면 9를 아홉 번 더하면 81이 된다는 당연한 얘기일 뿐인데 말입니다. 예를 한번 들어볼까요.

사랑하는 남녀가 결혼을 하게 되었습니다. 두 사람은 행복한 마음으로 결혼식 준비를 합니다. 한 달 뒤로 잡힌 결혼식에 마을 사람 100명을 초대해서 음식을 접대할 계획을 세웁니다. 1인분에 1만 원 하는 음식을 주문하기로 결정하지요. 음식 값은 100만 원이 되겠지만 일단 식당 주인에게 계약금으로 10만 원을 주고 예약을 합니다. 그런데 그만 두 사람은 사이가 나빠지게 됩니다. 처음에는 별 것도 아닌 걸로 다투다가 결국 결혼식을 취소하기로 하지요. 물론 미리 주문한 음식도 취소하려고 합니다. 그런데 식당 주인이 화를 냅니다. 결혼식 때 100만 원어치의 음식을 팔 수 있을 줄 알고 좋아했는데 갑자기 취소하면 어떻게 하느냐는 것이지요. 결혼식이 취소되건 말건 100인분의 음식을 보낼 테니 나머지 90만 원을 달라고 합니다. 원래 결혼을 하기로 했던 두 사람은 펄쩍 뜁니다. 100인분은커녕 1인분도 받지 않았는데 무슨 돈을 달라고 하느냐는 것이죠. 아직 음식 재료도 구입하지 않았을 때 주문을 취소했으니까 미리 줬던 10만 원까지 돌려받아야 되겠다고 하지요. 어떻게 해야 할까요?

　이렇게 흔히 일어날 수 있는 일에 대해서는 법에 미리 정해 놓는 경우가 많습니다. 우리나라의 민법에도 계약금을 지급했다가 아무런 일도 시작하기 전에는 취소할 수 있다는 규정이 있습니다. 다만 이미 지급한 계약금을 돌려받지는 못하지요. 따라서 위와 같은 일이 실제로 일어나면 결혼을 하지 않기로 결정한 두 남녀는 식당 주인에게 주었던 10만 원은 돌려받지 못하지만 나머지 90만 원을 주지 않고 주문을 취소할 수 있습니다.

법적인 문제를 여러 번 다뤄 본 법률가들은 위와 같은 이야기를 들으면 쉽게 결론을 내립니다. 비슷한 사건을 많이 겪으면서 고민을 하다 보면 다시 그런 일이 생길 때 어떻게 하는 것이 가장 공평한지 알게 되고 그것을 법률로 정해 놓기도 하지요. 하지만 처음 그런 문제에 부딪힌 사람들은 쉽게 해답을 떠올리지 못할 수도 있습니다. 그러다 보면 법이 어렵게 느껴지거나 공평하지 않은 것이라고 생각하기도 하지요.

자, 그렇다면 이렇게 어렵게 느껴지는 법에 익숙해지려면 어떻게 해야 할까요. 어렸을 때부터 법학 교과서를 펴 들고 처음 보는 단어들을 익혀야 할까요? 아니면 계약금 문제를 규정하고 있는 민법을 비롯해서 법 규정들을 모두 외우려고 노력해야 할까요? 그렇지는 않습니다. 미리 말씀드렸듯이 법은 천재들이나 이해할 수 있는 어려운 것이 아니고 사실 누구나 쉽게 알 수 있는 것이기 때문입니다. 법에서 쓰이는 용어나 법 규정에 익숙해지려고 노력하는 것은 법과대학이나 로스쿨에 들어가서 해도 늦지 않습니다. 평소에는 오히려 사회 문제에 관심을 갖고 무엇이 공평한 것인지 생각해 보는 연습을 하는 것이 더 중요합니다. 물론 그런 생각을 할 때 논리적으로 결론에 이르는 과정을 설명할 수 있도록 노력하는 것이 필요하지요.

이 책을 읽는 분들은 대부분 법에 어느 정도 관심이 있고 변호사나 판사, 검사 등 법률가가 되면 어떨까 생각도 해 본 일이 있을 것입니다. 법이 어렵다는 말을 들은 일도 많을 텐데 알고 보면 법은 결코 이해하기 어려운 것이 아닙니다. 사실 너무나 일상생활과 가까운 것이어서 수많은 소설이나 영화, 텔레비전 프로그램의 소재로 쓰이기도 하지요. 청소년을 대상으로 한 책도 마찬가지입니다. 또 예를 들어볼까요?

「해리 포터와 불사조 기사단」을 보셨나요? 영화 첫 부분에 마법 세계의 감옥 아즈카반을 지키는 악령 디멘터들이 등장합니다. 지하도에서 해리 포터와 사촌 두들리를 공격하는데요. 처음에는 겉모습부터 무시무시하게 생긴 디멘터들이 해리 포터를 꼼짝 못하게 하지만 해리 포터가 마법 지팡이를 휘두르면서 '익스펙토 패트로눔'이라는 주문을 외치자 쫓겨납니다. 두 사람은 위기에서 벗어나지만 문제는 여기에서 끝나지 않습니다. 해리는 마법 세계의 규칙을 어겼다는 이유로 퇴학을 당할 위기에 처하게 되지요. 소년 마법사는 머글, 즉 일반인이 보는 곳에서 마법을 사용하면 안 된다는 것이 바로 그 규칙입니다. 자, 과연 해리 포터가 규칙을 어겼다고 할 수 있을까요. 마법 세계의 장관님 주최로 재판이 벌어집니다. 호그와트 마법학교의 교장 선생님인 덤블도어가 해리 포터를 위해서 나섭니다. 해리가 일부러 규칙을 어긴 것이 아니라 디멘터를 물리치기 위해서 어쩔 수 없이 마법을 사용한 것이기 때문에 잘못이 없다는 것이지요. 반대 의견도 있었지만 결국 해리 포터에게 잘못이 없다는 결론이 내려지고 퇴학 처분은 취소됩니다.

해리 포터의 재판에서도 알 수 있듯이 결국 법은 가장 공평한 결론을 내리기 위해서 우리가 사용하는 도구에 불과합니다. 용어가 생소하고 과정이 복잡해 보여도 논리적으로 생각해 보면 어렵지 않게 결론에 도달할 수 있지요. 그렇다면 '왜 법은 어렵게 느껴질까요?'라는 질문에 대한 답은 쉽게 알 수 있을 것입니다. 법은 겉보기에만 어려울 뿐 실제로는 누구나 이해할 수 있다는 것이지요.

_2_
'정의'는 무엇이고
'공정하다'는 것은 무엇일까요?

　그리스 신화에 등장하는 신들은 각자 상징하는 것이 있습니다. 아폴론은 태양을 상징하고 아프로디테는 사랑의 신으로 불리지요. 법을 상징하는 신은 디케(Dike)라는 여신입니다. 두건으로 양쪽 눈을 가린 채 왼손에는 저울을, 오른손에는 칼을 들고 있는 모습을 하고 있지요. 그런데 디케는 법을 상징하는 법의 여신이기도 하지만 동시에 정의의 여신으로 불리기도 합니다. 이것은 법과 정의가 얼마나 밀접한 관계에 있는지 보여 주는 것입니다. 흔히 법과대학의 교훈에 정의라는 단어가 들어가는 것도 그 때문일 것입니다. 제가 졸업한 법과대학에는 교정에 '정의의 종'이라는 종이 있었고 교훈은 '하늘이 무너져도 정의를 세워라.'였습니다. 법과 정의는 떼려야

뗄 수 없는 관계에 있는 것입니다. 그렇기 때문에 법에 관심이 있거나 법률가가 되려고 한다면 우선 정의란 무엇인지, 공정하다는 것은 어떤 것을 말하는지 깊이 생각해 보아야 합니다.

법과 정의를 상징하는 여신 디케의 모습을 보면 정의가 무엇인지 짐작을 할 수 있습니다. 우선 두건으로 양쪽 눈을 가린 것은 여론이나 이해관계에 얽매이지 말아야 한다는 것을 의미한다고 합니다. 어떠한 문제에 대하여 판단을 할 때 자기 자신이나 혹은 다른 사람에게 어떤 이익이 돌아올지 먼저 생각하게 되면 절대로 올바른 결론을 내릴 수 없습니다. 사건에 관련된 사람이 누구이건, 자기와 친한 사람이건, 전혀 모르는 사람이건 혹은 사회적으로 존경받는 사람이건, 경멸받는 사람이건 상관없이 똑같이 다루어야 한다는 것이죠. 결국 법의 여신은 판단을 받는 사람이 누구인지 쳐다보지도 않겠다는 의미로 눈을 가리게 된 것입니다.

저울을 들고 있는 왼손은 그 사건에서 어떤 결론이 옳은 것인지 하나하나 따져 보아야 한다는 것을 의미합니다. 양쪽에서 주장하는 내용들을 저울에 올려 그 진실성을 달아 보는 것입니다. 모든 요소를 다 고려했을 때 과연 무엇이 공정한 것인지 따져 보고 나서 한쪽으로 기울어지지 않는 공평한 판단을 하라는 것이지요. 법 공부를 할 때 대부분의 시간은 무엇이 공평한 것인가를 생각하면서 보내게 됩니다. 어느 한쪽이 분명히 잘못을 했거나 틀린 주장을 하는 경우에는 쉽게 결론을 낼 수 있지만, 사회에서 일어나는 일은 대부분 그렇게 단순하지 않습니다. 양편의 주장이 모두 일리가 있을 때도 있고 서로 조금씩 잘못이 있는 경우도 있습니다. 예를 들어서 어떤 사람이 수영장에서 미끄러져서 다친 사건을 생각해 봅시다. 다친 사람은 수영장 주인이 치료비를 내야 한다고 주장합니다. 수영장을 경영하는 사람은 손님들로부터 입장료를 받는 대신에 미끄러져서 다치는 사고가 일어나지 않도록 물기를 깨끗이 닦아 냈어야 한다는 것이죠. 이에 대해서 수영장 주인은 사고가 난 것은 물기 때문만은 아니고 다친 사람이 뛰어다녔기 때문이라고 반박을 합니다. 분명히 뛰어다니지 말라는 주의사항을 쓴 안내판을 세워 놓았는데도 불구하고 뛰어다니다 다친 사람의 치료비를 왜 지불해야 하느냐는 것이죠. 실제 재판에서 부딪히는 사건들은 이렇게 양쪽에 조금씩 잘못이 있기 때문에 신중하게 판단하지 않으면 억울한 사람이 생겨날 수도 있습니다.

법의 여신 디케가 오른 손에 들고 있는 칼은, 정의란 말에 그쳐서는 안 되고 실제로 이루어져야 한다는 것을 의미합니다. 아무리 현명한 판단을 한다고 하더라도 그대로 실행이 되지 않으면 자칫 법은 웃음거리가 될 수도 있습니다. 법을 어긴 사람이 벌을 받지 않고 당당하게 큰소리를 치는 사회는 결코 정의로운 사회라고 할 수 없습니다. 아무리 좋은 법을 만들고 재판에서 올바른 결론을 내린다고 하더라도 최종적으로 그 결과가 나타나야만 사람들이 법을 지킬 생각을 하게 됩니다. 어떤 사회가 얼마나 발전했는지는 법질서가 잘 지켜지고 있는지를 보면 알 수 있습니다. 물론 법이 잘 지켜지기 위해서는 먼저 그 내용이 공정하고 정당해야 하는 것이 당연하겠죠.

법이 지켜야 할 정의에 대해서 이야기할 때 빠뜨릴 수 없는 또 하나의 요소는 약자의 보호입니다. 여기서 말하는 약자란 단순히 권력이나 재산이 없는 사람들만을 말하는 것이 아니라 사회적으로 인기가 없거나 경멸을 받는 사람을 포함하는 것입니다. 약자 대신 소수자라는 말을 써서 소수자의 보호라고도 하지요. 흔히 민주주의는 다수결의 제도라고 말합니다. 예전에는 왕이나 귀족처럼 몇 안 되는 사람들이 사회를 다스렸지만 현대 민주주의 국가에서는 다수의 의사가 존중되어야 한다는 것이지요. 선거로 대통령이나 국회의원을 뽑는 것도 다수가 선택한 사람이 공직을 담당해야 한다는 생각에 따른 것입니다. 그런데 이와 같은 다수결의 원칙은 분명히 민주주의의 원칙에 따른 것이고 많은 장점이 있는 제도이지만, 치명적인 약점도 가지고 있습니다. 바로 소수자, 인기 없는 사람을 외면할 위험성이 있다는 것입니다.

어느 사회에나 소외된 사람들이 있습니다. 경제적인 면에서 보면 노숙자 같이 소득이 낮은 사람들을 예로 들 수 있습니다. 죄를 저질러서 처벌을 받는 범죄자들도 마찬가지입니다. 어느 사회에나 범죄를 저지르는 사람보다는 법을 지키는 사람들의 수가 더 많기 때문에 범죄자의 인권을 보호하자는 주장은 소수의 외침이 되기 쉽습니다. 다수의 의사를 존중하고 선거를 의식해야 하는 정치인이나 선출직 공직자, 언론은 이러한 사람들의 목소리를 충분히 반영하기 어렵습니다. 그런가 하면 사회적으로 지탄을 받는 사람들도 있습니다. 선거권이 없는 미성년자도 약자의 위치에 있다고 볼 수 있습니다. 법은 이러한 사람들의 권리도 보호해 주어야 합니다. 약자나 소수자의 인권이 무시되는 사회는 정의로운 사회라고 할 수 없습니다. 많은 나라에서 판사를 포함한 법률가를 선거로 뽑지 않고 신분을 보장하는 것은 여론을 의식하지 말고 약자를 보호하라는 의미에서입니다. 법이 추구하는 정의의 모습을 정확하게 알기 위해서는 소수자의 권리를 반드시 염두에 두어야 합니다.

자, 지금까지 정의란 어떤 것인지 대강 한번 살펴보았습니다. 법학을 공부한다는 것은 실생활에서 겪는 다양한 일에서 어떤 것이 정의인지 탐구해 나가는 과정이라고도 할 수 있습니다. 말로는 쉽지만 실제로 사회에서 일어나는 일은 복잡하기 때문에 가장 공정한 결론을 찾는 것이 어려울 때도 많습니다. 어떤 경우에는 당연하게 받아들이는 일에 대해서도 의문을 제기해 보아야 합니다. 법률제도 중에서는 언뜻 보기에 비논리적으로 보이는데도 실제로는 공정한 제도인 것도 있습니다. 그 근거를 생각해 보는 과정에서 법적인 사고를 하는 힘이 생기는 것이죠.

예를 한번 들어볼까요. 사회 시간에 배우는 누진세(累進稅) 제도가 그 대표적인 예입니다. 소득이 많은 사람들에게 높은 세율을 적용하는 것이지요. 소득이 증가하면 세금은 비례적으로 증가하는 것이 아니라 더 큰 비율로 증가합니다. 예를 들어 1000만 원의 소득이 있는 사람이 100만 원의 세금을 낸다고 하면 단순 논리로 볼 때 1억 원의 소득이 있는 사람은 1000만 원의 세금을 내면 공평할 것 같습니다. 그런데 실제로는 1억 원의 소득이 있는 사람은 2000만 원이나 3000만 원의 세금을 냅니다. 이것을 누진세라고 하죠. 누진세 제도는 대부분의 사회에서 공평한 제도로서 당연히 받아들여지지만 가만히 생각해 보면 그 근거가 무엇인지 궁금해집니다. 경제활동이 자유롭고 공정한 경쟁이 보장된다고 하면 누구나 같은 비율의 세금을 내야 하는 것 아닐까요? 많은 돈을 번다고 해서 높은 세율을 적용받는 것은 부당한 것 아닐까요? 돈을 많이 번다고 해서 높은 세율이 적용된다고 하면 열심히 일하려는 의욕을 꺾게 되는 것은 아닐까요? 누진세 제도가 존재하는 것은 우리 사회에서 자유로운 경쟁과 공정한 분배가 이루어지지 않고 있다는 것을 스스로 인정하는 것 아닐까요?

얼핏 생각하면 그런 의문을 가질 수 있지만 결론은 그렇지 않습니다. 소득이 많은 사람들이 고율의 세금을 내는 데에는 논리적인 근거가 있습니다. 이 문제를 해명한 사람은 『정의론』이라는 저서로 유명한 존 롤스입니다. 그리고 그가 제시한 근거가 '무지의 베일'이라는 이론입니다. 롤스는 이런 얘기로 누진세 문제를 설명합니다. 모든 사람들이 태어나기 전에 한자리에 모인다고 가정해 봅시다. 나중에 세상에 나갔을 때 누가 부잣집에 태어나게 될지 혹은 누가 가난한 집에 태어나게 될지 아무도 모릅니다. 그곳에 모인 사람들 중에 어떤 사람이 뛰어난 능력을 갖추고 성공해서 많은 돈을 벌게 될지 혹은 하루하루의 생계를 걱정하거나 그마저도 힘들어서 다른 사람의 도움을 받는 처지가 될지도 모릅니다. 그런 상태에서 모든 사람에게 가장 이익이 되는 방법을 찾는다면 어떤 길을 택해야 할까요.

롤스는 나중에 돈을 많이 벌게 되는 사람들이 그렇지 못한 사람들을 돕기로 미리 약속하는 것이 그 해결책이라고 말합니다. 어떠한 사회에서나 성공하는 사람은 소수에 불과합니다. 부유하게 살 확률보다는 그렇지 못할 확률이 높은 것이죠. 그렇기 때문에 모든 사람이 '무지의 베일'을 쓴 상태에서 사회 계약을 한다면 성공하는 사람이 좀 더 많이 자신의 몫을 내놓는 제도에 합의를 하게 된다는 것입니다. 부자가 세금을 많이 내는 제도에는 합리적인 근거가 있는 것이고 누진세는 결국 누구에게나 공평한 제도라는 결론에 이르게 되는 것이죠. 이런 논리를 따져보면서 정의란 무엇인지, 공정한 법은 어떤 것인지 깨닫게 되는 것입니다.

누진세를 예를 들어서 말씀드린 것처럼 정의의 모습을 파악하고 실현하는 것은 쉽지 않습니다. 단순히 옳은 판단을 하겠다는 마음을 가진다고 해서 되는 일도 아니고 실천 없이 탁상공론만 한다고 정의로운 사회가 오는 것도 아닙니다. 신중한 판단력과 성실한 실행이 모두 필요합니다. 법에 관심이 많은 청소년들은 정의에 대해 어떤 자세를 가져야 할까요. 저는 무엇보다도 먼저 편견이 없는 열린 마음이 있어야 한다는 말씀을 드리고 싶습니다. 당연해 보이는 일이라도 다시 한 번 생각해 보고, 인기 없는 소수의 주장이라고 하더라도 귀 기울여 듣는 노력을 게을리하지 않을 때 정의롭고 공정한 사회의 구성원이 될 수 있을 것입니다.

_3_
제삼자가 객관적 진실을
확인할 방법이 있을까요?

영화나 소설에는 법정에서 재판이 열리는 장면이 많이 등장합니다. 흔히 법정 스릴러, 법정 드라마라고 하는 것들이 여기에 속하지요. 억울한 사람이 범인으로 몰려서 감옥에 갇히기도 하고 반대로 교묘하게 법망을 피해 나가는 악당이 나오기도 합니다. 이런 작품들은 대부분 결론 부분에서 반전이 일어납니다. 기가 막힌 추리력을 자랑하는 검사나 능력 있는 변호사가 등장해서 아무도 예상하지 못했던 진실을 밝혀냅니다. 독자나 관객들은 마침내 밝혀진 사건의 실체 앞에 깜짝 놀라기까지 합니다. 숨겨진 음모가 낱낱이 드러나고 복잡한 사건은 깨끗하게 해결되는 것이죠. 사건의 실체를 파헤치기 위해서 만들어진 재판이라는 제도가 빛나는 순간입니다. 그런데 정말 그렇게 진실이라는 것이 항상 드러나는 것일까요? 잘못 판단하거나 오판을 내리는 일은 없을까요?

재판에서 다루어지는 사건은 과거에 벌어졌던 일입니다. 검사나 변호사는 실제 일어났던 일에 대해서 서로 다른 주장을 하면서 논쟁을 벌입니다. 판사는 양측에 공평한 기회를 주고 신중하게 진실을 알아내려고 노력합니다. 물론 재판에서 사실 관계를 인정하기 위해서는 그 근거가 되는 증거가 있어야 합니다. 증거도 없이 주장만 한다고 해서 받아들여지지는 않지요. 때로는 증인이 등장해서 자기가 목격한 일에 대해 증언을 하기도 하고 지문이나 발자국, 서류 등 증거물이 제출되기도 합니다. 범행에 쓰인 흉기가 법정에 등장하는 것도 드문 일이 아니죠.

이렇게 증거에 의해서 사실을 인정해 나가는 것을 '증거재판주의'라고 합니다. 지금은 당연한 원칙으로 받아들여지는 것이지만 처음부터 재판이 증거에 의해 이루어진 것은 아닙니다. 오래전에는 증거가 없어도 단지 의심이 간다는 이유만으로 재판을 열고 처벌을 한 일도 있습니다. 증거가 사용되기 시작한 이후에도 합리적인 재판이 이루어질 때까지는 많은 시행착오가 있었습니다. 중세 유럽에서 혹은 근대 미국에서 벌어졌던 마녀재판에서는 황당한 것들이

'증거'로 제출되기도 했지요. 예를 들어 마녀라고 의심받는 사람에게 돌을 매달아 물에 빠뜨린 다음에 구사일생으로 살아 나오면 사탄의 도움을 받았다고 해서 교수형에 처하고 그대로 익사하면 무죄 판결을 해 준 일도 있습니다. 이런 재판에서 진실이 밝혀지거나 억울한 사람이 없기를 바란다는 것은 생각할 수도 없는 일이지요.

독재 정권하에서는 고문이 자행되기도 합니다. 범인으로 의심받는 사람을 자백할 때까지 육체적, 정신적으로 괴롭히는 것이지요. 죄를 저지르지 않았는데도 고문에 못 이겨서 잘못했다고 자백하는 일도 많고 때로는 용의자가 자백을 한 다음에 진범이 잡히기도 합니다. 그러다 보면 판사가 오판을 해서 억울한 사람이 처벌을 받는 경우도 적지 않지요. 지금도 민주주의가 발달하지 않은 나라의 재판이 불신을 받는 것은 이런 일들이 있기 때문입니다. 문명국가에서는 생각할 수 없는 일이지요.

그런데 마녀재판이나 고문같이 터무니없는 일이 없어지면 잘못된 판결도 없어질까요? 합리적인 증거에 의해서 진실을 밝히려고 노력하면 사건의 진상을 명명백백하게 밝힐 수 있을까요? 오판을 해서 억울한 사람이 불이익을 당하는 경우가 생기는 것을 완벽하게 막을 수 있을까요?

한때는 그렇게 생각했던 적도 있었습니다. 검사나 변호사가 양심적으로 진실을 밝히려고 노력하고 판사가 공정하게 재판을 진행하면 오판을 하는 일은 거의 없을 것이라고들 생각을 했었지요. 물론 사람이 하는 일이니만큼 어쩌다 잘못된 판결을 하는 일도 있겠지만 그것은 증인이 거짓말을 하거나 증거를 찾지 못하는 예외적인 경우에만 생길 수 있는 일이라고 믿었습니다. 더구나 거의 모든 국가에서 재판은 한 번에 끝나는 것이 아니라 '상소'라고 해서 이의 제기를 할 수 있는 절차가 있기 때문에 잘못된 판결도 대부분 바로잡힐 것이라고 생각했습니다. 우리나라도 삼심제를 채택해서 한 사건에 대해서 세 차례 재판을 받을 수 있도록 보장하고 있습니다. 과거에는 이런 제도로 인해서 오판을 거의 방지할 수 있다고 여겼고 억울한 일을 당하는 사람은 극히 적을 것이라고 믿었습니다.

그런데 그런 믿음에 심각한 의문을 던지는 사태가 벌어졌습니다. '유전자 감식'의 등장이 바로 그것입니다. 지금은 유전자 감식이라는 말을 누구나 알고 있고 텔레비전 드라마나 영화에도 자주 등장하지만 유전자 감식을 할 수 있게 된 것은 그리 오래된 일이 아닙니다. 1980년대 중반에 처음 개발된 수사기법이지요. 유전자 감식을 사용하기 전에는 지문으로 범인을 찾는 방법이 쓰였습니다.

사람마다 지문이 다르기 때문에 범행 현장에서 발견된 지문과 용의자의 지문을 대조하면 사건의 진상을 확인하는 데 큰 도움이 되지요. 하지만 범인이 장갑을 낀 채로 범행을 하거나 사건 현장이 훼손되어 지문을 발견하지 못할 때에는 아무 소용이 없게 됩니다. 유전자 감식은 범행 현장에 떨어진 머리카락 한 올, 혈액 한 방울을 이용해서도 할 수 있기 때문에 범인을 찾아내는 데 지문과는 비교도 할 수 없이 큰 도움이 되었습니다. 치밀한 범인이라면 범행 현장에서 만진 물건들을 기억해서 지문을 닦아 낼 수 있지만, 세포 하나도 남지 않도록 현장을 치우기는 힘든 일이기 때문이지요.

범죄 수사에만 활용될 줄 알았던 유전자 감식은 뜻밖에도 잘못된 판결을 발견하는 데 쓰이게 되었습니다. 유죄판결을 받고 감옥에 갇혀서도 끝까지 억울하다고 주장하던 사람들이 범행 현장에서 발견되었던 증거를 이용해서 유전자 감식을 해 달라고 요청했기 때문이지요. 그 결과 점차 잘못된 판결이 내려졌던 사건들이 드러나기 시작했습니다. 현장에서 발견된 유전자와 감옥에 갇힌 사람의 유전자가 일치하지 않는다는 사실이 확인된 거죠. 처음 몇몇 사건에서 그러한 일이 일어날 때만 해도 예외적인 사건으로 생각했던 사람들도 그런 사건이 점점 늘어나면서 당황하게 되었습니다. 미국에서만도 100건이 넘는 사건에서 억울한 사람이 범인으로 몰려 처벌을 받았다는 사실이 밝혀졌기 때문입니다. 그중에는 사형선고를 받고 집행만을 기다리던 사람들도 많았습니다. 유전자 감식을 할 수 있는 증거가 남아 있는 사건에서 잘못이 밝혀진 것이 그렇게 많다면 과연 증거가 이미 없어진 사건에서는 몇 건이나 오판이 있었을까, 이미 징역을 마치고 나간 사람들은 어떨까, 유죄판결이 잘못된 것이 이렇게 많다면 무죄판결을 받은 사람들 중에 진범이 풀려난 경우도 많지 않을까 하는 의혹이 퍼져 나가기 시작했습니다. 증거재판주의와 상소제도를 들먹이면서 재판의 정확성을 주장하던 법률가들은 심각한 고민에 빠지게 되었습니다.

그러면 왜 이런 일이 일어날까요? 무엇보다도 사람의 기억력은 불완전한 것이기 때문입니다. 목격자 중에는 처음부터 착각을 일으켜서 잘못된 증언을 하는 경우도 있습니다. 예를 들어 교통사고가 일어나던 순간에 신호등이 푸른색이었는데도 잘못 보고 빨간색 등이 켜져 있던 것으로 아는 것이죠. 사건이 일어나던 때에는 제대로 보거나 들었는데도 시간이 흐르면서 기억이 달라지는 경우도 많습니다. 사람의 기억이란 때때로 묘해서 단순히 잊어버리는 경우만 있는 것이 아니라 실제로 일어나지 않았던 일을 일어났던 것으로 생각하기도 합니다. 어린 시절에 친하게 지냈던 친구들을 만나서 같은 반에 어떤 친구들이 있었는지 한번 얘기를 나눠 보면 금방 알 수 있습니다. 단순히 기억력이 좋은 친구는 반 친구들을 정확히 기억하고 그렇지 않은 친구들은 잘못 기억하는 일만 일어나지는 않습니다. 때로는 같은 반이 아니었던 친구 이름을 대면서 분명히 같은 반이었다고 우기는 경우도 찾아볼 수 있습니다. 중요한 문제도 아니고 거짓말을 할 이유도 없는데 말이죠. 재판을 하는 사건에 있어서도 마찬가지입니다. 거짓말을 할 생각이 전혀 없어도 사실과 다른 증언을 하는 일이 있을 수 있는 것입니다. 그렇기 때문에 아무리 공정한 재판을 하려고 해도 잘못된 판결이 나오는 일이 있게 되는 겁니다.

때로는 기억을 제대로 하면서도 순간적으로 잘못 판단해서 수사나 재판을 잘못된 방향으로 이끄는 수도 있습니다. 우리나라에서 있었던 유명한 사건 중에 경찰관이 살인범으로 재판을 받았던 사건이 있습니다. 이 경찰관은 애인과 함께 있다가 경찰서로 돌아왔는데 나중에 그 애인이 살해된 채 발견되었습니다. 용의자로 지목된 경찰관은 당황한 나머지 실제로 애인을 죽이지도 않았는데 자기가 죽였다고 자백합니다. 다른 사람이 침입한 흔적을 찾기 어려운 상황에서 괜히 부인하면 무겁게 처벌을 받을 수 있다는 동료 경찰관들의 설득에 넘어간 것입니다. 나중에 허위 자백이었다고 주장했지만 검사나 판사는 그 말을 믿지 않았습니다. 고문을 하거나 자백을 강요한 것도 아닌데 일반인도 아닌 경찰관이 하지도 않은 범행을 했다고 자백하겠느냐고 생각했던 것입니다. 이 경찰관은 1심 재판에서 유죄판결을 받았고 2심 재판에서도 그대로 유죄판결을 받았습니다.

그런데 대법원에서 재판이 벌어지고 있을 때 아주 우연히 진범이 잡히게 되었습니다. 용의자로 지목되었던 경찰관이 현장을 떠나고 난 이후에 그곳에 침입해서 경찰관의 애인을 살해하고 돈을 훔쳐 간 사람이 있었던 것이죠. 그 사람은 그 후에 또 다른 범죄를 저질러서 수사를 받게 되었는데 그 과정에서 이 사건의 진범이라는 것이 밝혀졌던 것입니다. 피해자의 지갑에서 훔쳐 갔던 수표까지 발견되었기 때문에 결국 애초에 유죄판결을 받았던 경찰관은 억울하다는 것이 확인되어 풀려나게 되었습니다. 진실이 확인되어서 다행이기는 하지만 자칫 억울한 사람이 큰 벌을 받을 수도 있었다고 생각하면 아찔한 생각이 듭니다. 법률가들은 이 사건을 면밀히 검토하고 다시는 이런 일이 생기지 않도록 노력해야겠다는 다짐을 했지만 사실 이런 일을 겪고 보면 오판을 완전히 방지한다는 것은 불가능한 일이 아닌가 하는 생각을 하게 됩니다.

그렇다면 어떻게 해야 할까요. 인간의 기억력이 불완전하고 때

때로 잘못된 판단을 할 수도 있으니까 재판이라는 제도를 없애야만 할까요. 그렇지는 않습니다. 지금의 재판제도는 많은 시행착오 끝에 정비된 것으로서 나름대로 여러 가지 안전장치를 갖추고 있습니다. 비록 실수 없는 완벽한 재판을 하는 것은 불가능하다고 하더라도 끊임없이 잘못을 반성하고 제도를 보완해 나가면 잘못된 판결을 하는 것을 최소화할 수 있을 것입니다.

다만 잊지 말아야 할 것은 아무리 노력해도 잘못된 판단을 할 수 있다는 것입니다. 증거를 몇 번씩 검토하고 터무니없어 보이는 주장까지 성실히 듣는다고 해도 실수는 있을 수 있는 것입니다. 법률가로서 반드시 필요한 것은 이렇게 잘못을 저지를 수 있다는 것을 인정하고 한없이 겸허해지려는 자세라고 생각합니다. 사건의 진상은 내 생각과 다를 수 있다는 것, 어떤 주장이 맞는 것인지 쉽게 판단해서는 안 된다는 것을 명심한다면 어느 순간 진실은 우리 앞에 스스로 모습을 드러낼지도 모릅니다.

_4_
역사상 유명한 세 가지 재판

　법적인 문제는 최종적으로 재판을 통해서 결론을 내리게 됩니다. 법정에서는 누구나 평등하게 자기의 주장을 펼 수 있습니다. 대통령이나 재벌도 평범한 사람들과 똑같이 재판장의 지시에 따르고 판결 결과를 받아들여야 합니다. 물론 법을 잘 모르거나 재판에 익숙하지 않을 때에는 변호사의 도움을 받을 수도 있습니다. 공개된 법정에서 법에 정해진 절차에 따라 분쟁을 해결하는 방식이기 때문에 다른 어떤 방법보다도 공정하다고 할 수 있지요. 재판은 원칙적으로 공개되기 때문에 학생들도 법정에 가서 실제 재판을 방청해 볼 수 있습니다. 법에 대해 책을 읽고 공부를 하는 것도 의미가 있지만 실제로 재판을 한번 구경해 보면 법정에서 서로 다른 주장을 하면서 다투는 것이 얼마나 사람의 인생에 큰 영향을 주는 것인지, 공정하고 신중하게 재판을 진행하는 것이 얼마나 중요한 것인지 몸으로 느낄 수 있습니다. 어떤 사건에 대해 한번 판단이 내려지면 비슷한 종류의 사건은 같은 판단이 내려지는 경우가 많기 때문에 하나하나의 판결이 다른 재판에 미치는 영향을 고려하여 공정하고 신중하게 진행해야 합니다.

재판은 흥미진진하고 인간의 심리에 대해 많은 것을 보여 주기 때문에 문학작품이나 영화에서도 즐겨 다루는 소재입니다. 역사상 유명한 재판도 많습니다. 제2차 세계대전의 전범들을 재판한 뉘른베르크 재판 등 사건 자체가 역사적인 경우도 있고, 우리나라의 치과의사 살인 사건, 이태원 햄버거집 살인 사건 재판 등 진상을 알기 어려운 경우도 있습니다. 여러 저자들이 유명한 재판의 내용을 정리한 책들을 썼지만 막상 가장 유명한 재판을 세 가지 꼽아 보라고 하면 선뜻 어떤 것을 택하기 어렵습니다. 다만 여러 사람들이 공통적으로 생각하는 역사적인 재판 그리고 청소년들도 상식으로 알고 있는 사건을 든다면 솔로몬의 재판, 셰익스피어의 『베니스의 상인』에 나오는 재판, 소크라테스의 재판을 들 수 있습니다. 이 재판들은 누구나 자라면서 한 번씩은 들어 보았을 법한 유명한 재판들입니다.

솔로몬의 재판은 성경 책에 나오는 유명한 재판 이야기입니다. 솔로몬은 이스라엘의 왕이었는데 지혜로운 사람으로 널리 알려졌고, 다스리는 나라와 백성을 번성시킨 훌륭한 왕이었습니다. 성경 책에는 솔로몬의 지혜를 보여 주는 유명한 판결이 있는데 내용은 이렇습니다. 하루는 두 여인이 아이를 데리고 왕에게 찾아옵니다. 두 여인은 삼일 간격으로 아이를 낳아서 한집에서 키웠는데 어느 날 한 여인이 자다가 다른 여인의 아이를 깔아뭉개서 죽이는 사건이 발생하였습니다. 아이가 죽은 것을 본 다른 목격자는 없었습니다. 목격자도 없이 한 아이가 죽자 남은 한 아이를 데리고 왕을 찾아온 두 여인은 각기 자기가 그 남은 아이의 어머니라고 주장하는 것이었습니다. 두 여인이 모두 살아 남은 아이가 자기 아이라고 주장하면서 억울함을 호소하자 가만히 듣고 있던 왕은 칼을 가져오라는 명령을 합니다. 칼을 가지고 살아 있는 아이를 반으로 갈라 두 여인에게 반반씩 주면 공평하지 않겠냐는 엉뚱한 판결을 내린 것입니다. 이 이야기를 들은 두 여인 중 한 여인은 그 판결에 기꺼이 따르겠다고 하였으나 다른 한 여인은 자기가 양보할 테니 제발 아이를 죽이지 말아 달라고 청원합니다.

그 간절한 호소를 들은 솔로몬 왕은 아이를 포기할 테니 죽이지 말아 달라고 애원한 여인이 진짜 어머니라고 말하며 아이를 그 여인에게 돌려주라고 말합니다. 아이가 죽는 것을 보느니 차라리 아이를 포기하겠다는 모정이야말로 친어머니임을 증명하는 가장 확실한 증거이기 때문입니다. 이 판결은 솔로몬의 지혜가 법의 정신과 상통하는 면을 잘 보여 줍니다. 재판을 할 때 사람들의 말을 있는 그대로 믿어서는 안 되는 경우가 있습니다. 말과 실제 행동이 다른 때에는 정말 있는 그대로 정직하게 말을 하는 것인지 아니면 어떤 사정으로 거짓말을 하는 것인지 다시 한 번 살펴보아야 합니다. 아이를 다른 사람에게 빼앗기더라도 살리려고 하는 행동이야말로 진짜 어머니라는 증명이 되는 것입니다. 어떤 사건에 대해 판단을 내릴 때 그 사건에 대해 알려진 사실뿐만 아니라 그 사건에 얽힌 배경이나 다른 사건들과의 관계, 사람들의 동기나 심리 상태 등을 고려하여 사건의 내용을 종합적으로 판단하려는 노력이 필요합니다. 솔로몬 왕의 경우 두 여인의 말이라는 드러난 사실 외에 모정이라는 면을 고려하여 옳은 판단을 내린 것입니다.

셰익스피어의 유명한 희곡 『베니스의 상인』에 나오는 인육 재판도 아주 유명하고 재미있습니다. 『베니스의 상인』에는 고리대금업자인 샤일록, 베니스의 젊은 상인 안토니오, 안토니오의 친구 바사니오와 그의 약혼녀인 포오샤가 나옵니다. 샤일록은 고리대금업자로 상인들에게 높은 이자로 돈을 빌려 주어 많은 재산을 모은 사람입니다. 선량한 젊은 상인이었던 안토니오는 그런 샤일록을 몹시 미워하였고 샤일록도 만날 때마다 자기를 비난하는 안토니오에게 복수를 다짐합니다. 그러던 중 안토니오의 친구인 바사니오가 사랑하던 여자인 포오샤와 결혼하기 위해 안토니오에게 돈을 빌리려고 했지만 안토니오는 마침 돈이 없어서 샤일록에게 가서 돈을 빌려 바사니오에게 주었습니다. 샤일록은 안토니오에게 돈을 빌려 주는 대신에 만약 날짜 안에 갚지 못한다면 심장에서 가까운 곳에 있는 살 1파운드를 떼어 내겠다는 계약을 맺자고 하였습니다. 안토니오는 샤일록의 엉뚱한 제안을 장난으로 생각한데다 돈을 기한 내에 갚을 수 있을 것이라고 생각해서 계약에 동의를 합니다. 그러나 안토니오의 예상과 달리 안토니오의 물건을 실은 상선이 사고로 항구에 도착하지 않아 돈을 갚지 못하게 되었습니다. 안토니오가 돈을 갚지 못한 대가로 살 1파운드를 떼어 내야 하는 상황에 처하게 되었고, 결국 안토니오와 샤일록은 총독 앞에서 재판을 받게 되었습니다.

 법정으로 들어온 판사는 놀랍게도 변장을 한 포오샤였습니다. 샤일록은 포오샤에게 자신은 안토니오와 계약을 했으니 약속대로 심장 옆의 살 1파운드를 떼어 내야 한다고 고집을 부립니다. 포오샤는 계약에 의해 살 1파운드를 가져가는 것은 좋지만 계약에는 살

1파운드라고 적혀 있을 뿐이니 피는 한 방울도 흘려서는 안 되고, 정확히 살 1파운드만 가져가라고 명령하였습니다. 샤일록이 피를 한 방울도 흘리지 않고 어떻게 살을 떼어 내느냐고 항의하였으나 포오샤는 그런 주장에 귀를 기울이지 않았고 샤일록은 체념하고 살 1파운드대신 원금만 받겠다고 합니다. 그러나 이 주장도 받아들여지지 않았고 샤일록은 원금을 받기는커녕 베니스 시민을 죽이려고 한 죄로 전 재산을 몰수당하는 처지에 놓이게 되었습니다. 샤일록은 총독에게 무릎을 꿇고 용서를 빌었고 총독은 샤일록의 재산의 반을 몰수하여 안토니오에게 줍니다. 나중에 안토니오의 상선도 무사히 도착하여 안토니오는 재산을 회복했다는 행복한 결말이 이 재판의 중심 내용입니다.

이 재판 이야기는 엉뚱한 발상이 재미있기도 하지만 법의 다양한 원칙을 보여 준다는 점에서 한번 음미해 볼 만합니다. 일반적으로 법은 사람들 사이에 맺은 약속인 계약을 보호하려고 합니다. 예를 들어 두 사람이 자동차를 사고팔기로 계약을 하면 법은 그 계약을 존중하고 당사자들이 약속을 지키도록 합니다. 만일 그 계약에서 정한 대금이 시가보다 높았다면 어떻게 될까요. 원칙적으로는 자동차를 파는 사람이 고의적으로 속이지 않은 이상 자동차를 사기로 계약을 맺은 사람은 약속을 지켜야 합니다. 법은 시장에서 이루어진 거래가 잘 준수되도록 보호해 주는 역할을 하는 것이지 시장에서 이루어지는 거래의 내용에는 원칙적으로 관여하지 않기 때문입니다. 그런데 만일 어떤 사람이 다른 사람에게 돈을 주면서 사람을 죽여 달라고 부탁했다면 어떻게 될까요? 청부살인업자에게 돈을 주었는데 청부살인업자가 돈만 받고 살인을 해 주지 않았을 경우 그 청부살인업자를 상대로 재판을 할 수 있을까요? 혹은 어떤 사람이 마약을 팔았는데 상대방이 위조지폐로 지불을 했다면 어떻게 될까요? 법은 과연 이러한 거래에서 손해를 입은 사람들을 보호해 줄까요? 당연히 아닙니다. 법은 사람들 사이의 계약을 보호해 주지만 그것은 어디까지나 그 계약의 내용과 목적이 합법적인 경우에만 그럴 뿐입니다.

자동차를 조금 비싼 가격으로 팔았더라도 법이 그 거래를 보호해 주는 것은 중고차를 비싸게 파는 것이 불법적인 것은 아니기 때문입니다. 그 상인은 단순히 장사를 잘한 것이기 때문에 그 계약은 법의 보호를 받습니다. 하지만 샤일록의 거래는 어떨까요? 마약을 거래하거나 돈을 주고 살인을 해 달라고 부탁하는 것은 명백히 불법입니다. 그와 마찬가지로 돈을 빌려 주는 대가로 사람의 목숨을 담보로 하는 것도 당연히 불법입니다. 심장에서 가까운 곳의 살을 1파운드나 떼어 낸다면 누구나 목숨을 잃습니다. 샤일록은 안토니오에게 복수를 하기 위해서 계약이라는 제도를 이용한 것입니다. 그런 계약은 당연히 법의 보호를 받지 못합니다. 그러므로 『베니스의 상인』에서 포오샤가 내린 판결은 절묘하고 통쾌하기는 하지만 법률가의 눈으로 볼 때는 틀린 것입니다. 살 1파운드를 떼어 내도록 허용하면서 피를 한 방울도 흘려서는 안 된다고 하는 것은 억지입니다. 처음부터 살을 떼어 내지 못한다고 선언을 하는 게 올바른 판결이었을 것입니다.

또 하나의 유명한 재판으로는 소크라테스의 재판이 있습니다. 소크라테스의 사상과 철학이 아테네의 젊은이들 사이에 큰 공감을 얻었지만 권력자들의 생각과 대립이 되었고 결국 그 때문에 소크라테스는 사형 판결을 받게 되었습니다. 이때 소크라테스를 따르던 제자들은 탈옥을 권유하며 스승을 구하려고 노력했으나 소크라테스는 판결에 묵묵히 복종하여, '악법도 법이다.'라는 유명한 말을 남기고 독배를 마셔 사망하였다고 합니다. 과연 이 일화가 정확한지 아닌지는 논란의 여지가 있으나 악법도 법이라는 말 자체는 역사적으로 많이 인용되어 온 유명한 말입니다. 이 말의 의미는 무엇일까요? 악법도 무조건 지켜야 한다는 것일까요? 법은 기본적으로 사회의 질서를 유지하고 사람들을 보호하기 위해 존재합니다. 어떤 법이 사회 전체에 이익보다 손해를 가져온다고 판단되면 그 법을 개정하거나 폐지해야 합니다. 그러나 어떤 법이 악법인지 아닌지에 대해서는 사람들마다 견해가 다를 수 있습니다. 자기한테 불리한 법이라고 해서 무조건 악법이라고 주장한다면 사회 전체의 질서를 유지할 수 없습니다. 그러므로 어떤 법이 악법이라고 판단되어 개정되기 전까지는 원칙적으로 그 법을 지키도록 노력해야 합니다. 그럼 소크라테스가 독배를 마신 것은 정당한 일이었을까요? 소크라테스같이 훌륭한 철학자를 사상범으로 몰아 사형을 선고한 것은 분명히 잘못된 일입니다. 소크라테스의 일화에서 보듯이 잘못된 법이나 재판은 돌이킬 수 없는 결과를 가져올 수 있습니다. 그러므로 법을 만들거나 고칠 때 그리고 재판을 할 때에는 신중히 검토하여 악법이 생겨나지 않도록 하여야 합니다.

훌륭한 법률가가 되기 위해서는 무엇보다도 인간을 잘 이해할 수 있어야 합니다. 법이란 결국 사람들이 살아가는 사회에서 일어나는 일을 다루는 것이니까요. 재판 과정에서는 사람들이 가진 성격과 여러 속성이 적나라하게 나타납니다. 법에 흥미가 있고 법률가가 되고 싶은 마음이 있다면 한번쯤 법정을 찾아서 재판을 방청해 보는 것도 좋을 겁니다.

상은이의 법원전시관 방문기

쿵쾅 쿵쾅 쿵쾅 …… ♥

서초역으로 향하는 지하철 위에 발을 내딛는 순간부터 나의 심장은 미칠 듯이 고동치고 있었다.

"지금 내리실 역은 서초……"

지금이다! 내 꿈을 향한 발걸음을 처음으로 내딛는 순간이다! 동생 아련이와 함께 숨죽이며 조심스럽게 계단을 하나씩 올라갔다.

"와우, 듣던 대로 정말 멋진 곳이야!"

동생은 6번 출구로 나오자마자 보이는 대법원 건물 앞에서 놀라움을 감추지 못했다.

ㅇ_ㅇ

그렇다…… 기다리고 기다리던 오늘은 바로! 동생 아런이와 함께 대법원에 있는 법원전시관에 가기로 한 날이다. 지난번 변호사님과 인터뷰할 때 청소년들이 법을 좀 더 가깝게 느낄 수 있고 체험해 볼 수 있는 전시관 얘기를 듣게 되어 이곳으로 오게 되었는데 뭐랄까…… 막상 직접 가니 떨림 반, 설렘 반으로 두근두근하다.

대법원 1층에 들어서면 바로 법원전시관이 나온다.
전시관에 들어가기 전에 우리들의 반짝이는 눈을 사로잡은 것은 기념품 가게와 안내데스크였다~

"사진 찍어도 되죠? +_+"

"분명 전시관을 다녀오면 법과 가까운 친구가 될 수 있겠죠?"

안내데스크에 가자마자 나는 흥분한 마음에 법원전시관에 대해 이것저것 여쭈어 보았다.

홍보 책자랑 도장 찍기 팸플릿을 얻은 뒤……

드.디.어. 내 인생 처음으로 전시관에 발을 내디뎠다!

(전시관에 들어서기 전 잠깐! 도장 찍기 팸플릿이 무언지 설명하자면~) 맨 왼쪽 편에 보이는 팸플릿에 전시관 곳곳에 꼭꼭~ 숨어 있는 '비밀의 도장들'을 찾아내어 쾅쾅! 찍어 보는 것이다. ○_○

마치 도장과 숨바꼭질 하는 기분이 든다. 흐흐~

THE TOUR STARTS!

따라라~♬

입구에 들어서자마자 法이라는 한자가 눈에 띄었다.

예전에 배웠던 한자라 금방 읽을 수 있었다.(한자 배우길 정말 잘한 것 같다. ㅋㅋ)

정면에서 안내문을 읽어 보니 한자 法이 어디서 유래된 것인지 알 수 있었다. :)

응? 저기 저기 보이는 하얀 책들은 뭐지?

동생과 나는 궁금증을 이기지 못하고 쪼르르 달려가서 살펴보았다.

"아~ 대한민국 헌법을 담은 법전이구나!"

내용이 궁금해 페이지를 넘기려고 했으나……

앗! 진짜 책이 놓여 있는 건 줄 알았는데 조각으로 만들어 둔 거였구나. ㅠㅠ 낚였다! ㅋㅋ

사법부!?

아~ 어렴풋이 학교에서 배웠던 기억이 난다!

"입법부 / 사법부 / 행정부로 나뉘어 있죠~ 국회는 입법부, 대통령이 계신 곳은 행정부, 법을 실질적으로 행사하는 곳은 사법부." 사법부 연표를 보면서 우리나라 사법부에 그동안 무슨 일들이 있었는지, 역사를 쭈~욱 살펴볼 수 있었다! 그 아래 사진의 주인공들은?

바로 대법관을 지내셨던 분들이다! 대법원이면 최고 법원이라던데, 오랜 세월 동안 정말 많은 분들이 일하셨다.o_o 이 분들을 보면서 시간의 흐름을 느낄 수 있었다는……

우리나라 법의 역사에 대해서도 조목조목 배울 수 있었다. 고조선부터 조선시대를 거쳐 어떤 변화가 있었는지 자세하게 설명이 되어 있었다. 이 내용을 다 외우면 난 정말 대단한 사람이 되는 거다!

이 외국풍 느낌의 물건들은 세계 여러 나라에서 온 선물들이라고 한다. 위는 태국 대법원으로부터 받은 것, 아래는 인도네시아 대법원장으로부터 받은 것. 황금색으로 강렬한 이미지를 연상시키는 이 칼은 '예물용 검'이라고 한다.

뭐지? 뭔가 엄청 특별한 선물 같아 보이는데?

앗, 저기 틈새에 동생과 내가 보인다!

우리들의 양옆에 있는 옷들은 법관들이 입는 옷이었단다. 시대별 디자인이 돋보였다.

+_+

이 법관의 옷을 보면서 나는 또 상상의 날개를 펼쳐 나가고 있었다…… 헤헤.

내가 입으면 과연 어떤 모습일까? 세련되어 보일까? 카리스마가 넘칠까?

너무 궁금해서 미쳐 버릴 것만 같아!

o_o 동생과 나는 무엇을 보고 있기에 뒤통수만 나오는 것일까? 카메라도 무시하고!

"무엇을 보고 있을까?"라고 물으신다면 대답하는 게 인지상정?!

……

하지만 그건 비밀이다~

직접 와서 보시면 궁금증을 풀 수 있다.)_〈

저번에 인터뷰 때 변호사님이 들려주신 법정에서 벌어지는

일들이 '이것'을 봄으로써 훨씬 더 잘 이해되었다.

법정이 실제 어떤 모습인지도 알게 되었다!

그리고 법정 안이 어떤 모습

인지 볼 수 있는 모형도 있다.

직접 와서 보면 모형이 무척

정교하다는 느낌이 든다.

저기 그림에 있는 사람들을

언젠간 도와줄 수 있겠죠!

난 할 수 있다, 아자아자!

앗, 이 분위기는?

이곳은 바로 법정을 체험하는

장소, 모의 법정.

여기에 단체로 관람 신청을

하고 오면 시나리오를 주고 관

람객이 각자 역할을 맡아 모의 재판을 해 볼 수 있다던데……

흑흑, 우린 달랑 둘뿐이라 너무 아쉬웠고 서운했다. ㅠㅠ

나중에는 꼭 변호사와 검사가 꿈인 친구들을 데려와 모의 재판을 해 봐야겠다!

아쉬움을 풀기 위해 옆에 걸려 있는 법복을 입고 판사님들이 앉는 자리에서 포즈만 잡았는데…… 잠깐이나마 뭔가 묘한 기분이 내 마음속을 휘젓고 있었다.

아쉬운 대로, 판결을 고심하여 토론하는 판사들의 모습을 연기! (사실은 이때 동생과 무슨 이야기를 나누었는지 전혀 모르겠다.) 도시락 절도 사건, 왕따 동영상 유포 사건, 폭행 공갈 사건, 게임아이템 사기 사건, 애완견 반환 청구 사건. 이런 시나리오가 있다던데, 나중에 다 해 볼 수 있을까?

대한민국 헌법 사이에 상은이가 숨어 있다!

Q&A time! 전시관을 한 바퀴 돌면서 본 것을 토대로 동생과 퀴즈 대결을 하였다. 생각보다 어려웠다. ㅠ_ㅠ 왜 자꾸 동생이 이기는 거냐구!

마지막으로 전시관을 다 돌아봤다는 기념으로 방명록을 남겼다. 동영상으로 저장하는 거라서 그런지 처음에는 낯설었는데, o_o 나중엔 자연스러워지더군……

저기 저장된 영상 어디엔가는 나와 내 동생을 찍은 모습이 담겨 있다! 아아 누구라도 보면…… 끄아!

THE TOUR ENDS!

전시관 탐험을 마치고 난 후 대법원 앞에서 한 컷!

여기 도착하기 전까지 내게 '대법원'은 무뚝뚝하고 차갑고 거대한 단어일 뿐이었다. 대법원에 있는 모든 사람들은 엄하고,

어떤 결단을 내릴 때에는 냉철하며 또한 엄청나게 지식이 풍부한 사람들이라는 막연한 생각만이 있었다. 그리고 어쩐지 법은 내가 다가가기에는 어렵고 복잡하게만 느껴졌다. 비비 꼬아 풀기 어려운 수식을 대하는 기분 같았다고 할까? 물론 내가 법과 관련된 직업을 갖고 싶은 것은 사실이지만, 아직 어린 나이라 그런지 '대법원' '판사'라는 존재는 내게 하염없이 크게만 다가왔다. 사실 법과 관련된 직업을 갖겠다고 처음 마음 먹었을 때, 속으로는 어두운 곳에서 모래알을 세는 느낌이었다. 그냥 막막했고 답답했다. 하지만 변호사님과 인터뷰도 하고 오늘 이렇게 대법원 방문도 해 보니 나의 막연한 기분이 바뀌어가는 듯하다. 변호사님과 인터뷰 하면서는 나 스스로에 대해 생각해 보고 조금씩 자신감을 가질 수 있었고, 법원전시관 안을 한 걸음 한 걸음 내디딜 때마다 법이 조금은 친근해지는 것 같았다. 무언가 성취하려고 할 때 가장 중요한 것은, '자신에 대한 믿음'인 것 같다. 이것을 잃는다는 것은 꿈을 포기하는 것과 같을지도 모른다. 대법원 방문은 내게 새로운 경험이었고, 앞으로 내 꿈을 위한 신선한 자극이 될 것 같다.

디케의 눈

금태섭 지음, 궁리 2008

흥미로운 사례를 통해 법을 이해하

도록 돕는 책

법의 여신 디케는 한 손에는 칼,

한 손에는 저울을 들고, 두건으로

눈을 가리고 있다. 칼은 엄격함

을, 저울은 형평성을 가리키며,

눈을 가린 까닭은 편견 없이 공정하게 판결하겠다는 의지

를 나타낸다고 볼 수 있겠다. 저자는 눈을 가린 디케의 모

습에서 법을 통해 진실을 밝히는 일이 얼마나 어려운지 알

수 있으며, 진실을 찾기 위해 최선을 다해도 때로는 틀릴

수 있기 때문에 법을 조심스럽게 다루어야 한다는 상징적

의미를 찾는다.

이 책은 흥미진진한 사건과 구체적인 사례들을 법을 잘 모르는 독자들도 쉽게 알 수 있도록 설명하고 있다. 법의 기초에는 인간이 평화롭게 공존하기 위해 지금껏 쌓아 온 논리가 깔려 있으며 우리가 사는 세상의 다양한 문제와 그 해결 방안이 녹아 있다. 책에 담긴 내용을 찬찬히 따라가다 보면 독자는 법을 통해 세상을 더 잘 이해할 수 있으며 또한 어렵고 복잡하게만 보이던 법이 한결 가깝게 다가옴을 느낄 수 있을 것이다.

MT 법학: 나의 미래 공부 17

이상돈, 홍성수 지음, 장서가 2008

법학의 기초 원리와 법조인이 되는 과정을 설명한 책
'도대체 법을 공부한다는 게 무엇일까?'라는 물음에 답을 찾는 데 이 책은 좋은 출발점이 된다. 법이 무엇인지, 법의 기초 논리가 무엇인지, 법에 관련된 제도에는 어떤 것들이 있는지, 법학에는 어떤 분야가 있는지 등이 자세히 설명되어 있다. 또한

2008년부터 도입된 로스쿨에 대한 기초적인 정보와 함께
영화와 문학작품을 통해 고민해 보는 법의 문제, 법조인들
의 인터뷰 등이 실려 있다.

법학을 공부한다는 것이 과연 어떤 일인지 구체적으로 그
려 보는 데 도움이 될 만하다.

그 순간 대한민국이 바뀌었다: 헌법재판소의 주요 판결 이야기

김욱 지음, 개마고원 2005

**헌법재판소의 판결은 우리의 생활
과 어떤 영향을 주고받을까?**

헌법은 추상적이 문구로 씌어 있
으며 130개의 헌법 조문을 근거
로 무수히 많은 법률들의 정당성
이 판단된다. 그렇기 때문에 늘

해석이 필요하고 그 과정에서 다양한 논쟁과 충돌이 오간
다. 헌법의 판단이란 것은 변하지 않는 절대적인 결과가 아
니라 시대와 사회와 여론으로부터 영향을 받아 끊임없이
변화하는 과정의 한 부분이다.

이 책은 18건의 헌법재판소 판결을 통해 그런 판결이 우리

의 삶을 어떻게 바꿔 놓았는지 그리고 헌법의 해석은 사회를 바꿔 내는 힘으로부터 어떤 영향을 받아 왔는지를 설명하고 있다.

헌법의 풍경

김두식 지음, 교양인 2004

법학자가 알려 주는 우리나라 법조계의 현실, 그리고 우리가 꼭 알아 둬야 할 법률 상식

"법에 대해 모르면 조용히 하라." "이제는 전문가들에게 맡겨 두고 법적 판단을 기다리자." 같은 말들은 그 자체로 법률가와 일반인을 나누는 벽이다. 그 안에서 소수의 법률가 집단이 그들만의 언어로 법률을 독점하면 할수록 우리 삶은 헌법의 이념과 멀어진다. 이 책은 그 벽을 허물어 보려는 한 시도이다.

법의 본래 목적과 거리가 있는 법조계의 모습을 지적하면서 법이 제 역할을 할 수 있도록 하기 위해 법조인은 무엇을 고민해야 하는지 설명한다. 또한 헌법에서 모든 국민에게 보장하고 있는 기본권이란 무엇인지, 말하지 않을 권리, 즉 '묵비권'으로 어떻게 피고인이 자신을 지킬 수 있는지, 평등권이란 무엇이며 왜 우리는 평등권을 반드시 알아 둬야 하는지를 법을 따로 공부하지 않은 사람들도 알기 쉽게 설명하고 있다.

청소년의 법과 생활

한국법교육센터 지음, 법무부 2008년 개정판

청소년들이 생활 속에서 접할 수 있는 법적 문제들과 개념들을 알기 쉽게 설명한 책

청소년의 삶이라고 해서 법과 전혀 상관없을 수 없다. 그 생활 속을 잘 들여다보면 아르바이트의 급료, 두발 단속, 왕따 문제처럼 꼭 재판을 한다든지, 법적 처벌을 받게 해야 하는 일이 아니라도 법과 아주 밀접한 문제들이 무궁무진하다.

이 책은 이처럼 청소년들이 일상생활에서 경험하는 다양한 법률 문제를 구체적인 사례를 들어 알기 쉽게 설명한다. 또

한 법의 기본적인 개념과 원리를 설명해서 이러한 일상생활 속의 법적 문제를 해결할 수 있는 힘을 길러 준다.

사람답게 아름답게: 차병직 변호사의 행복한 인권 이야기

차병직 지음, 바다출판사 2006년

청소년을 위한 인권 이야기

인권은 한 사회에서 다양한 사람들이 평화롭게 공존하기 위해서 꼭 필요한 권리이다. 이 책은 누구나 한 번쯤 들어 봤거나 읽어 봤을 동화를 통해 인권을 알기 쉽게 설명하고 있다.

『홍당무』『말괄량이 삐삐』『톰 아저씨의 오두막 집』『이상한 나라의 엘리스』『위대한 마법사 오즈』『라퐁텐 우화』『어린 왕자』『몽실 언니』『꾀꼬리의 노래 주머니』『그리스 로마 신화』『해리 포터』등 50여 편의 동화와 우화를 통해 인간의 존엄성, 생명의 권리, 평등권, 행복추구권, 재판권, 사생활의 비밀과 자유, 사회권, 아동권 등을 설명한다.

세상을 바꾼 법정

마이클 S. 리프, H. 미첼 콜드웰 지음, 궁리 2006

미국 사회에 커다란 영향을 미친 8개의 재판 이야기

사회를 그 이전과는 완전히 다른 모습으로 바꿔 놓는 재판이 있다. 아무런 관심도 받지 못하는 작은 사건으로 시작된 재판이 아무도 예상하지 못했던 커다란 변화를 일으키는 것이다. 이 책은 미국 사회를 커다랗게 바꿔 놓은 8개의 재판을 다루고 있다. 각각의 사건에 대해 사건은 어떻게 일어났는지, 법정에서 어떤 변론이 이루어졌는지 그리고 판결문은 어떤 내용이었는지를 자세히 보여 준다. 책에서 소개된 8개의 재판들이 사회에 끼친 영향은 상당히 컸기 때문에 여전히 논쟁이 벌어지고 있으며, 소설이나 영화로도 만들어지고 있다. 저자의 말처럼 '내가 만약 이 재판에 참가했다면 어떤 결론을 내렸을까' 하고 스스로 질문을 던지며 보면 좋을 책이다.

거리의 변호사

존 그리샴 지음, 시공사 2005

**노숙자의 대변인이 된 어느 변호
사의 이야기**

워싱턴의 대형 법률회사에서 일
하던 32살의 주인공 변호사는 어
느 날 법률회사에 원한을 품은 한
노숙자가 벌이는 인질극에 휘말

리게 된다. 즉각 출동한 경찰과 대치하던 노숙자는 경찰의
진압 과정에서 저격당해 목숨을 잃는다. 그리고 얼마 후 죽
은 노숙자의 신상을 확인하러 노숙자들의 대변인으로 알려
진 '거리의 변호사'가 찾아온다. 주인공 변호사는 이 사건
을 계기로 노숙자들에게 관심을 갖게 되고 힘없는 사람들
을 위해 일하리라 결심하며 '거리의 변호사'를 따라 나선
다. 주인공은 노숙자들을 대변하는 법률상담소와 노숙자
배급소 들을 드나들면서 활동을 시작하는데 그의 길은 험
난하다. 그가 기댈 것은 돈도, 권위도, 가족도 아닌 오직 법
뿐이다. 법에 무지하거나 법을 불신해서 혹은 돈이 없어서

법의 보호를 받지 못하던 노숙자들을 위해 주인공은 법정에서의 싸움을 계속한다.

저자 존 그리샴은 미시시피 법대를 졸업하고 법률사무소에서 10여 년 근무한 바 있는 법률가 출신이다. 그러한 경험을 바탕으로 변호사와 검사 간의 팽팽한 공방, 현장에서의 고민, 미국 법제도의 약점, 치밀한 변론 등을 생생하게 보여 주는 그의 소설에는 법률가들의 일이 현실적으로 잘 그려져 있다. 존 그리샴은 이 소설 외에『펠리컨 브리프』『의뢰인』『레인메이커』『사라진 배심원』등을 썼고 네 작품 모두 영화로 만들어졌다.

진실을 영원히 감옥에 가두어 둘 수는 없습니다

조영래 지음, 창비 1991

인권을 지키기 위해 평생을 바친 변호사의 이야기

오랫동안 민주화 운동에 투신하여 특히 인권 변호 활동에서 뛰어난 능력을 발휘했던 고 조영래 변호사의 글 모음집이다. 부천경찰

서 성고문 사건, 망원동 수재 사건, 보도지침 사건 등과 같은 인권 사건의 주요 변론에서 보여 준 그의 식견과 필력은 이미 유명하다. 그의 논설, 칼럼, 변론, 편지, 일기 외에 인터뷰 기사, 추모 좌담, 추모글 등이 수록되었다. 부당한 힘에 굴복하지 않기 위해 조영래 변호사가 법조인으로서 고민했던 문제들, 글을 통해 드러낸 날카로운 현실 인식 등은 법을 공부하려는 사람들에게 소중한 지침이 될 것이다.

몬스터

월터 딘 마이어스 지음, 창비 2008

강도 살인 사건의 범인으로 지목되어 재판을 받는 소년의 이야기
농구와 영화를 좋아하는 평범한 한 10대 소년이 강도 살인 사건이 벌어진 편의점 근처에 있었다는 이유로 체포되어 재판을 받게 된다. 소년이 체포된 경과는 이렇다. 편의점 강도 살인 사건 용의자로 지목된 흑인들이 범죄 현장의 망을 보기로 한 공범으로 소년을 지목했다. 소년은 무죄를 주장하지만 결국

구속되어 감옥과 법정을 오가는 생활을 하게 된다. 처음에 소년은 고통스러운 감옥 생활에서 벗어나기 위해서 일기와 시나리오 쓰기에 몰두한다. 하지만 점차 두 개의 기록이 서로 다른 이야기를 하게 되면서 진실은 미궁에 빠진다.

소년은 정말 강도 짓을 공모한 것일까 아니면 그저 운이 나빴던 것일까? 소년의 유죄를 주장한 검사가 맞을까? 소년을 다른 용의자들과 달리 '믿음직한' 청년으로 보이게 하려던 변호사가 진실을 왜곡한 것은 아닐까? 소년이 쓰던 시나리오는 무엇을 이야기하는 것일까? 과연 사람은 자신이 연루된 사건에서 스스로를 객관적으로 파악하고 증언할 수 있을까? 유·무죄를 쉽게 판단할 수 없는 진실의 복잡함은 책을 덮은 뒤에도 강한 여운을 남긴다. 저자는 소설의 결말을 독자들에게 맡겼다. 그렇기 때문에 읽는 사람에 따라서 다른 결론이 나올 수 있다.

그래도 내가 하지 않았어

감독: 수오 마사유키, 출연: 카세 료, 2008

무고한 시민이 범죄자로 몰려 자신을 지키기 위해 싸우는 이야기

도쿄의 복잡한 전철 안에서 취직을 위해 면접시험을 보러 가던 주인공 청년이 치한으로 몰린다. 영화에서 초점을 맞추고 있는 것은 성추행범으로 몰린 청년이 과연 자신의 무죄를 증명할 수 있을까 하는 점이다. 경찰서에 끌려간 후 청년은 경찰, 국선 변호사, 검사, 판사를 차례대로 만난다.

처음에 경찰서로 끌려갈 때는 자신이 범죄를 저지르지 않았으니 별 일 아니라고 생각했다. 하지만 그가 생각하지 못했던 것들이 있었다. 경찰은 밤낮으로 수십 명이 넘는 치한을 상대하는데 그중엔 자기가 그랬다고 인정하는 사람은 한 명도 없다. 게다가 목격자가 없는 경우 피해자의 증언이 중요한데 피해자는 충격을 받아서 당시의 일을 정확하게 기억하지 못하는 일이 많다. 결국 청년은 재판을 받고 그 과정에서 범죄자로 한번 지목된 사람이 무죄를 증명하기가 얼마나 어려운지 절감한다.

이 영화를 보면 경찰, 검사, 변호사, 판사 들이 각자 맡은 일을 해 나가면 맞닥뜨리는 어려움, 재판 과정에 영향을 미치는 다양하고 복잡한 요소들, 사실을 확인한다는 것의 어려움을 실제로 본 듯 이해할 수 있게 된다. 공정한 사법제도를 위해서는 어떤 고민과 노력을 해야 하는지 생각해 보게 하는 영화다.

데드맨 워킹

감독: 팀 로빈스, 출연: 숀 펜, 수잔 서랜든, 1996

한 사형수의 죽음을 통해 사형 제도를 다시 생각해 보게 하는 이야기
빈민가에서 일하는 한 수녀가 사형수로부터 편지를 받는다. 감옥 생활이 너무나 외로우니 면회 와 달라는 부탁의 편지다. 수녀는 한 번도 교도소를 방문한 적이 없지만 부탁을 거절할 수 없어서 그 사형수를 만나러 교도소로 간다. 수녀가 만난 사형수는 잔인한 살인을 저지를 법한 사람이라는 말을 듣기에 전혀 부족함이 없었다. 그는 자신의 죄를 뉘우치는 기색이라고는 전혀 없는데다 백인이 아닌 유색인종은 인간이 아니라고 생각하는 지독한 인종 차별주의자, 거기에 히틀러를 존경하는 파시스트이기까지 했다. 하지만 돈이 없어 변호사를 선임하지 못했고 그 때문에 억울하게 사형선고를 받았다는 그의 말에 수녀는 그를 도와줄 변호사를 찾아 준다. 사형만은 면하게 해 주자는 생각에서였다.

「데드맨 워킹」은 처음부터 끝까지 사형수의 편도, 수녀의 편도, 변호사의 편도 들지 않으면서 영화를 보는 사람들에게 사형 제도에 관해 생각해 보게 한다. 과연 인간은 인간을 죽일 권리가 있는 것일까? 사형수가 사형을 당하는 마지막 장면에서 영화는 그 질문에 대해 아주 강렬한 대답을 내놓는다.

레인메이커

감독: 프란시스 포드 코폴라, 출연: 맷 데이먼, 대니 드비토, 1998

신출내기 변호사가 대기업을 상대로 재판을 진행하며 겪는 냉혹한 현실

법대를 갓 졸업한 신출내기 변호사. 아직 얼마나 유능한지 사람들에게 증명할 방법이 없기에 발로 뛰며 의뢰인을 직접 찾아야 한다. 사건이 있을 만한 곳 그래서 재판을 해야 하는 사람들이 있을 만한 곳을 찾아다니며 일거리를 구해야 한다.

그러다가 어느 날 백혈병으로 죽어 가는 아들을 둔 어머니로부터 의뢰를 받는다. 아들의 의료비 지급을 거부하는 보험회사로부터 보험비를 받기 위한 재판을 진행해 달라는 것이 의뢰의 내용이다. 그런데 상대는 막강한 힘을 자랑하는 거대한 보험회사다. 당연히 그 보험회사가 앞세우는 변호사는 노련한 일류 변호사다.

의뢰인을 괴롭히는 이 거대 보험회사는 보험비를 지급하지 않기 위해 법을 교묘히 피해 가기로 유명한 회사다. 또한 재판에서 승소하기 위해 협박, 도청 같은 불법적인 일도 서슴지 않는다. 과연 이 신출내기 변호사에게 승산은 있을까? 「레인메이커」는 신출내기 변호사가 법대를 졸업하자마자 맞닥뜨리는 상황을 통해 현실에서 법이 어떻게 적용되고 있는지를 잘 보여 준다. 또한 법이 약자를 보호할 수 있으려면 변호사나 검사, 판사의 역할이 얼마나 중요한지를 다시 한 번 생각해 보게 한다.

일급 살인

감독: 마크 로코, 출연: 케빈 베이컨, 크리스찬 슬레이터, 1995

5달러를 훔쳤던 한 남자가 감옥에서 살인자가 되기까지의 이야기

미국 샌프란시스코, 악명 높은 알카트라즈 교도소의 지하 독방에 3년간 갇혀 있었던 한 죄수가 지하 독방을 나오자마자 교도소 식당에서 200명이나 되는 목격자 앞에서 사람을 죽이고 일급 살인죄로 기소된다. 살인죄로 기소된 이 죄수와 국선 변호사가 만나며 영화는 새로운 국면을 맞이한다. 죄수의 처지에 공감해 주는 국선 변호사에게 신뢰를 느낀 남자는 자신의 이야기를 털어 놓기 시작한다. 놀랍게도 그가 맨 처음 감옥에 들어온 계기는 무시무시한 범죄가 아니었다. 그는 그저 굶주린 여동생에게 먹을 것을 사 주려고 단돈 5달러를 훔쳤을 뿐이다. 하지만 훈방 조치를 받을 수도 있었던 그는 운 나쁘게도 음모에 휘말려 독방에 갇혔던 것이다.

실제 있었던 일을 바탕으로 만든 이 영화는 훈계하고 풀어 줄 수 있는 죄를 지은 사람이 감옥에서 권력의 횡포를 겪으며 살인자로 변해 가는 과정을 보여 준다. 교도소는 원래 범죄를 저지른 사람들이 자신이 지은 죄를 반성하고 사회에 돌아갈 수 있도록 하기 위해 만들어진 곳이다. 이 영화를 보면 수감자들의 인권이 철저하게 무시되는 것이 얼마나 그릇된 것인지 알 수 있다.

천상의 소녀

감독: 세디그 바르막, 출연: 마리나 골바하리, 2003

일을 하기 위해 목숨을 걸어야 했던 아프가니스탄 소녀의 이야기

아프가니스탄에 참혹한 전쟁이 휩쓸고 지나가자 여자들만 남겨지는 집안이 속출하게 된다. 먹고 살기 위해서는 남겨진 여자들이 일을 해야 했다. 하지만 아프가니스탄에서 여자는 일을 해서는 안 될 뿐만 아니라 혼자서는 밖에 나가서도 안 된다. 어머니와 할머니와 함께 살고 있던 열두 살 소녀의 집도 이와 다르지 않았다. 아버지와 외삼촌이 전쟁에서 죽자 어머니가 병원에서 몰래 일을 하여 겨우 먹고 살고 있었다. 그런데 어느 날 그 병원이 밀린 월급도 주지 않고 문을 닫아 버려 먹고 살 길이 막막해지자 할머니는 남자아이처럼 소녀의 머리카락을 짧게 자르고는 이렇게 말했다. "이제 네가 일하지 않으면 우리는 굶어 죽게 된다." 이렇게 해서 소녀는 원치도 않은 남장을 한 채 위험한 곳에 홀로 보내진다. 사회적 약자를 보호하는 데는 전혀 관심이 없고 오직 강자의 권익만을 일방적으로 대변하는 법 아래 사는 일반 시민들이 실제 어떤 참혹한 현실에 처할 수 있는지를 영화는 가슴 아프게 보여 준다.

뉘른베르크 재판

감독: 스탠리 크레이머, 출연: 버트 랭커스터, 리처드 위드마크, 1961

**제2차 세계대전 독일의 나치 정부에
서 일한 법조인을 재판하는 이야기**
1945년 8월 제2차 세계대전이 끝
나고 독일 나치 정부의 조직적인
유대인 학살에 가담한 185명의
독일인들에 대한 재판이 열리게

되었는데, 이것이 바로 뉘른베르크 전범재판이다. 재판부는 모두 미국인으로 구성되어 1945년 11월 10일부터 11개월 동안 1차 재판이 열렸고, 1946년 12월부터 2년 3개월 동안 2차 재판이 열렸다. 이 영화는 뉘른베르크 전범재판 중 법조인에 대한 재판 과정에 기초하여 만들어진 이야기다.

뉘른베르크 전범재판이 진행되는 한 법정에 독일 나치 정부에서 판사로 일한 네 사람이 피고인으로 서 있다. 한 사람은 자신은 정부의 명령에 따라 재판한 것뿐이니 죄가 없다며 당당하다. 또 한 사람은 "판사는 법을 실행할 뿐이지 정의를 실행하는 것은 아니다."라며 자신은 죄가 없다고 주장한다. 다른 한 사람은 그저 울먹이며 서 있을 뿐이다. 그리고 마지막 한 사람은 침묵한다. 이 사람은 독일 최고의 법학자로 불렸던 사람이다. 영화는 이 마지막 사람의 재판에 초점을 맞춘다.

미국인 검사는 피고인이 저지른 범죄는 인류에 대한 범죄이므로 피고인에 대한 처벌은 인류가 내리는 심판임을 주장한다. 이에 맞서 독일인 변호사는 피고인에 대한 재판은 승자가 내리는 재판일 뿐이라며 변호한다. 재판은 시종 검사와 변호사 간의 팽팽한 대결로 이어지다가 피고인의 양심선언으로 끝을 맺는다.

뉘른베르크 전범재판은 '반인도죄'라는 범죄의 새로운 유형이 처음으로 적용된 재판으로 이 후 비슷한 재판의 전례가 된 역사적으로 중요한 사건이었다. 하지만 뉘른베르크 전범재판은 많은 한계를 보여 주었다. 그 뒤에 바로 열린 제2차 세계대전의 또 다른 패전국 일본에 대한 전범재판은 정치적 수단으로 전락하고 말았다는 비판을 들었고 아직도 논쟁의 대상이 되고 있다.

이 영화는 뉘른베르크 전범재판의 한계를 외면하지 않는다. 그리고 우리에게 이런 질문을 던진다. 독재자 정부의 절대 권력 아래서 법률가는 어떤 책임을 져야 하는가? 법률가의 양심이란 무엇인가? 제2차 세계대전이 벌어지는 동안 일어난 대학살은 과연 몇몇 사람만의 책임일까?

나의 사촌 비니

감독: 조너선 린, 출연: 조 페시, 마리사 토메이, 1992

전문 지식으로 무죄를 입증한 이야기

뉴욕의 두 청년이 학교까지 차를 몰고 가다 편의점에서 깜빡 잊고 호주머니에 넣어 두었던 참치 캔을 그냥 들고 나온다. 이 참치 캔 하나 때문에 두 사람은 꼼짝없이 경찰에 잡히고 만다. 참치 캔 하나 훔친 혐의니 선처를 호소하면 별 문제 없을 거라고 생각했지만 알고 보니 그 둘은 강도 살해 혐의로 체포되어 있었다. 일은 점점 꼬여 이 둘에게 불리한 증거와 증인들이 속속 수사하는 경찰에게로 모여 들었다. 위기를 벗어나기 위해 주인공 중 한 청년이 뉴욕에 살고 있는 사촌 비니를 부른다. 그런데 정작 이들에게 실제로 도움을 준 것은 변호사인 사촌 비니를 따라온 약혼녀였다. 처음엔 멍청해 보였지만 알고 보니 그녀는 재주꾼. 웬만한 내기 당구 시합에서는 져 본 적이 없고, 고장 난 수도꼭지, 토스터 기계, 심지어 자동차도 그녀의 손을 거치면 멀쩡해져서 돌아왔다. 게다가 풍부한 지식과 날카로운 논리력의 소유자였다. 결국 비니의 약혼녀가 자동차에 관한 빛나는 전문 지식으로 범행 현장의 자동차 바퀴 자국의 정체를 밝혀냄으로써 두 청년은 혐의에서 풀려난다.

법률가는 다양한 분야의 지식을 갖고 있으면 유리하다. 이 영화는 전문 지식이 사건 해결에 얼마나 큰 역할을 하는지 코믹하게 보여준다.

라쇼몽

감독: 쿠로사와 아카라, 출연: 모리 마사유키, 1950

증인들의 서로 다른 증언 중에서 어떤 게 진실인가?

비를 피하기 위해 나무꾼과 한 승려가 라쇼몽〔羅生門〕이라는 성문 아래 서 있다. 비를 피하기 위해 지나가던 나그네가 라쇼몽 아래로 뛰어들고 나무꾼과 승려는 그 나그네를 상대로 이야기를 시작한다.

3일 전에 나무꾼은 나무를 하러 숲에 갔다가 한 사무라이가 죽어 있기에 관청에 신고했다. 관청은 살인 사건에 관계된 주변 사람들을 심문하는데 모두 하는 얘기가 다르다.

영화에 등장한 인물들은 각자 숨기고 싶은 자기의 모습이 있다. 그렇기 때문에 한 사건을 놓고도 네 사람 모두 다른 설명을 내놓고 있는 것이다. 인간이란 자신에게 유리한 방향으로 자기가 보고 싶은 것만을 보는 존재다. 법을 통해 진실을 파헤칠 때는 사람에 따라, 보는 관점에 따라 진실이 달라짐을 잊으면 안 된다.

관련 사이트

법원

www.scourt.go.kr

재판이 이루어지는 곳. 재판은 공개가 원칙이라서 누구나
방청할 수 있다.

헌법재판소

www.ccourt.go.kr

우리나라 최고 법인 헌법과 관련된 재판이 이루어지는 곳
이다. 노무현 대통령 탄핵심판, '신행정수도건설을 위한 특
별조치법' 등의 판결이 화제가 되어 널리 주목받았다. 학생
들은 대심판정을 견학할 수 있다.

법무부

_____ www.moj.go.kr

여기서 검찰, 교도소, 구치소, 소년원, 출입국 관리, 외국인 정책에 관한 업무가 이루어지므로 관련 정보를 찾을 수 있다. 또한 사법시험 응시 자격, 시험 방법, 과목, 기출 문제 등의 정보도 찾아볼 수 있다.

사법연수원

_____ www.jrti.scourt.go.kr

사법연수생, 예비 판사, 법관, 군법무관 등 법조인들이 법에 관해 더 연구하고 배우는 곳이다. 이곳에서는 법률 상담 사례에 대한 정보를 찾아볼 수 있다.

검찰청

_____ www.spo.go.kr

국가의 형벌권을 행사하기 위해 범죄를 수사하고 수사한 범죄에 대한 재판을 진행하는 곳이다. 20인 이상 단체만 견학할 수 있다. 견학은 대검찰청 공보담당관실에 문의하면 된다.

법제처

www.moleg.go.kr

행정부의 각 부서에서 필요한 법률이나 명령을 심사하는 곳이다. 또한 국민에 대한 잘못된 행정 처분을 바로잡아 주는 곳이기도 한다. 이곳에는 법령이 알기 쉽게 설명되어 있으며, 법령에 관련된 질문을 할 수도 있다.

대한법률구조공단

www.klac.or.kr

경제적으로 어렵거나 법을 모르는 사람에게 무료로 법률 상담을 해 준다. 법률적으로 도움이 필요할 때 찾으면 좋은 곳이다.

국회

www.assembly.go.kr

투표로 선출된 국회의원이 모여 우리나라 법률을 만드는 곳이다. 회의는 공개하도록 되어 있어 국회 본회의에서 이루어지는 국회의원의 국정심의 과정은 언제든 직접 방청할 수 있다. 또한 인터넷 사이트나 케이블 텔레비전을 통해서도 시청할 수 있다. 국회 안에 있는 모든 시설은 누구에게

나 개방되어 있어 언제든 견학할 수 있다.

참여연대 사법감시센터

_____blog.peoplepower21.org/Judiciary/

시민운동 단체 참여연대에서 운영하는 법 관련 감시 센터
이다. 법이 공정하게 집행되지 않는 사례에 대한 정보와 의
견을 볼 수 있다.

한국법교육센터

_____www.lawedu.go.kr

법률 전문가가 아닌 사람들도 실생활에 필요한 법률을
이해할 수 있는 여러 가지 정보와 교육 프로그램을 제공
한다.

법조인이 되는 방법

2009학년도부터 법학전문대학원, 즉 로스쿨이 문을 엶에
따라 법조인이 되는 길이 다양해졌다.

첫 번째 방법은 법학전문대학원이 없는 대학교의 법학부에서 4년간, 법학전문대학원에서 3년간 공부한 후 변호사시험을 보는 것이다.

두 번째 방법은 법학부가 아닌 다른 학부에서 4년간, 법학전문대학원에서 3년간 공부한 후 변호사시험을 보는 것이다.

세 번째 방법은 법학전문대학원이 없는 대학교의 법학부에서 4년간 공부한 후 사법시험을 보는 것이다. 이것은 2016년까지만 가능하다.

네 번째 방법은 아무런 조건이 필요 없고 사법시험을 합격하면 된다. 이것은 2016년까지만 가능하다.

국내 법학전문대학원 _ ( )속은 전문 분야

* 자료 출처: 교육인적자원부 발표 2009학년도 법학전문대학원 합격자

강원대학교(환경)

건국대학교(부동산)

경북대학교(IT)

경희대학교(국제 기업)

고려대학교(국제)

동아대학교(국제 상거래)

부산대학교(금융, 해운, 통상)

서강대학교(기업 그중에서도 특히 금융)

서울대학교(국제, 공익 인권, 기업 금융)

서울시립대학교(조세)

성균관대학교(기업)

아주대학교(중소기업)

연세대학교(공공 거버넌스, 국제 기업, 의료 과학 기술)

영남대학교(공익과 인권)

원광대학교(생명과학)

이화여자대학교(생명·의료, 젠더)

인하대학교(물류, 지적재산권)

전남대학교(공익 인권)

전북대학교(동북아)

제주대학교(국제)

중앙대학교(문화)

충남대학교(지적재산권)

충북대학교(과학기술)

한국외국어대학교(국제)

한양대학교(국제 소송, 지식·문화 산업, 공인·소수자의
인권)

법학과가 있는 대학교

* 자료 출처: 교육인적자원부 집계 2009년 계열별 입학정원

강원   강릉대학교

관동대학교

상지대학교

경기   가톨릭대학교 성심캠퍼스

강남대학교

경원대학교

대진대학교

수원대학교

신경대학교

한경대학교

한양대학교 안산캠퍼스

경남	경남대학교
	경상대학교
	영산대학교
	인제대학교
	창원대학교
경북	경주대학교
	안동대학교
	한동대학교
광주	광주대학교
	조선대학교
대구	계명대학교
	대구가톨릭대학교
	대구대학교
대전	대전대학교
	배재대학교

부산   경성대학교

동의대학교

부경대학교

신라대학교

한국해양대학교

서울   경기대학교

광운대학교

국민대학교

덕성여자대학교

동국대학교

명지대학교

상명대학교

서경대학교

서울산업대학교

성신여자대학교

숙명여자대학교

숭실대학교

한국방송통신대학교

홍익대학교

울산 울산대학교

인천 인천대학교

전남 목포대학교

　　　순천대학교

전북 군산대학교

　　　우석대학교

　　　전주대학교

충남 공주대학교

　　　단국대학교 죽전캠퍼스, 천안캠퍼스

　　　백석대학교

　　　선문대학교

　　　순천향대학교

　　　한서대학교

충북 극동대학교

서원대학교

세명대학교

청주대학교